乡村振兴系列丛书

U0612534

图解

推进农业农村现代化　建设农业强国

王　维　主编

中农智慧（北京）农业研究院

中国农业出版社

北　京

编辑委员会

序　言

　　民族要复兴，乡村必振兴。乡村振兴，要推进符合农业农村现代化要求的乡村振兴，建设农业强国。依据《中华人民共和国国民经济和社会发展第十四个五年规划纲要》，衔接《乡村振兴战略规划（2018—2022年）》，国务院编制了《"十四五"推进农业农村现代化规划》（以下简称《规划》），这是国务院第一次对推进农业农村现代化做出的全面规划。

　　《规划》的编制，有其深刻的时代背景和现实的发展需要。"十四五"时期是我国全面建成小康社会、实现第一个百年奋斗目标之后，乘势而上开启全面建设社会主义现代化国家新征程，是向第二个百年奋斗目标进军的第一个五年。全面建设社会主义现代化国家，实现中华民族伟大复兴，最艰巨最繁重的任务依然在农村，最广泛最深厚的基础依然在农村，需要坚持农业农村优先发展，全面实施乡村振兴战略，加快农业农村现代化，建设农业强国。只有农业农村现代化了，农村才能聚集更多的资源要素，农业才能构建完备的现代产业体系，农民才能获得更多的就业增收机会，"三农"工作才能进入全面推进乡村振兴、加快农业农村现代化、建设农业强国的新阶段，才能搭上新型工业化、信息化、城镇化和农业农村现代化"四化同步"的"航船"，同步迈进社会主义现代化国家新征程。

　　《规划》重点对强化粮食保障、提升农业质量效益、实施乡村建设行动、巩固拓展脱贫攻坚成果、深化农村改革等内容进行重点布局规划，主要体现在"三提升、三建设、一衔接"上。**"三提升"**，即提升粮食等重要农产品供给保障水平，提升农业质量效益和竞争力，提升产业链供应链现代化水平；**"三建设"**，即建设宜居宜业乡村，建设绿色美丽乡村，建设文明和谐乡村；**"一衔接"**，即实现巩固拓展脱贫攻坚成果同乡村振兴有效衔接，扎实推动共同富裕。

　　为解读《规划》的思路目标、重点任务和保障措施，为完成农业农村部发展规划司委托的农业农村"十四五"规划宣贯项目，中农智慧（北京）农业研究院组织专家，用图解的方式对《规划》进行提炼概括和层层剖析，通过图文并茂的形式增强《规划》内容的**可读性**，通过知识链接的形式增强《规划》内容的**延展性**，通过案例链接的形式增强《规划》内容的**实用性**，在此基础上，编辑出版《图解 推进农业农村现代化 建设农业强国》，旨在凝聚共识、汇聚力量，推动《规划》落地实施，加快农业农村现代化。

中农智慧（北京）农业研究院

目　录

农业农村现代化是实施乡村振兴战略的总目标。农业农村现代化的目标是建设农业强国，新时代"三农"工作必须围绕这个总目标来统筹推进。早在新中国成立之初，我国就提出并开始推进农业现代化。经过几代人的持续努力，我国农业现代化水平不断迈上新台阶。2017年10月，党的十九大将农村现代化与农业现代化放到同等重要的战略位置，首次提出要加快推进农业农村现代化。2020年10月，党的第十九届五中全会再次将"三农"工作作为全党工作的重心，提出要"加快农业农村现代化，走中国特色社会主义乡村振兴道路"。2022年10月，党的二十大指出"建设农业强国"，这说明，党和国家一贯对"三农"问题高度重视，也对推进农业农村现代化、建设农业强国这一核心目标作出了系统部署。

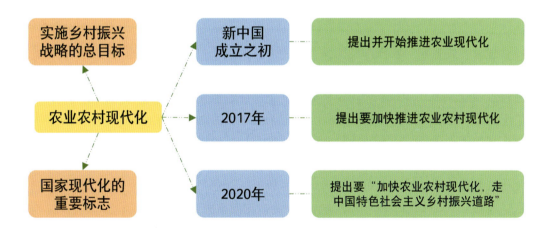

什么是农业农村现代化？什么是农业强国？农业农村现代化作为一个发展趋势，是一系列现代要素及其组合方式由低级到高级的变革过程，能够体现社会文明的进步程度。农业强国是农业达到供给保障强、科技装备强、经营体系强、产业韧性强、竞争能力强的国家。推进中国特色农业农村现代化，就是要将先进技术、现代装备、管理理念等引入农业，将基础设施和公共服务向乡村延伸覆盖，提高农业生产效率、改善乡村面貌、提升农民生活品质，促进农业全面升级、乡村全面进步、农民全面发展，最终建成农业强国。

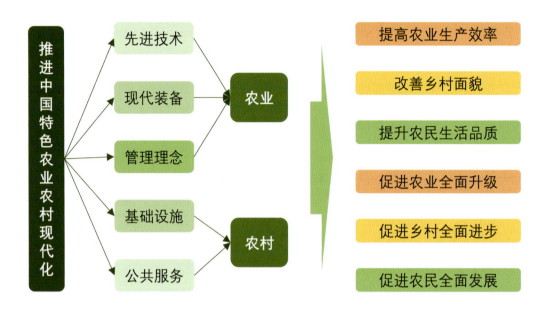

　　强国必先强农,农强方能国强。党的十八大以来,农业农村现代化有了长足的发展,取得了历史性成就、发生了历史性变革,覆盖了农业农村发展的方方面面,为建设农业强国、开启全面建设社会主义现代化国家新征程奠定了坚实基础。编制《"十四五"推进农业农村现代化规划》,旨在守好农业农村这个战略后院,以实施乡村振兴战略为引领,以农民农村共同富裕为目标,以农业现代化和农村现代化一体设计、一并推进为路径,立足新起点,着眼新阶段,将"人"的现代化、"物"的现代化与治理体系和治理能力的现代化相互统筹,让亿万农民群众平等参与现代化进程、共同分享现代化成果,推动我国由农业大国向农业强国跨越。

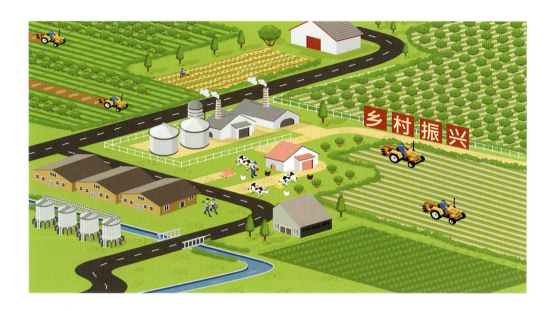

　　"三农"工作是全面建设社会主义现代化国家的重中之重。为贯彻落实《中华人民共和国国民经济和社会发展第十四个五年规划和2035年远景目标纲要》，坚持农业农村优先发展，全面推进乡村振兴，加快农业农村现代化，编制本规划。

1

CHAPTER ONE

第一章 开启农业农村现代化新征程

"十四五"时期是我国全面建成小康社会、实现第一个百年奋斗目标之后，乘势而上开启全面建设社会主义现代化国家新征程、向第二个百年奋斗目标进军的第一个五年，"三农"工作重心历史性转向全面推进乡村振兴，加快推进中国特色农业农村现代化进程。

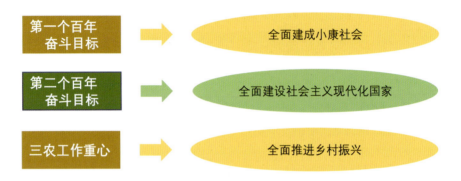

◇ **知识链接** ....>>>

农业现代化是我国现代化的重要组成部分，因此，我国把农业现代化作为四个现代化目标之一。在1954年召开的第一届全国人民代表大会上，第一次明确地提出要实现工业、农业、交通运输业和国防的四个现代化任务；1964年年底召开的第三届全国人民代表大会第一次会议提出"四个现代化"的宏伟目标，并宣布要把我国建设成为一个具有现代农业、现代工业、现代国防和现代科学技术的社会主义强国；之后邓小平同样强调要专心致志、聚精会神地搞四个现代化建设，并且把它确定为党在当时的政治路线。

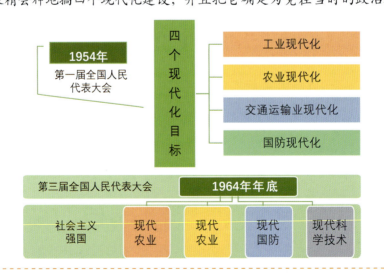

第一节　发展环境

"十三五"时期，以习近平同志为核心的党中央坚持把解决好"三农"问题作为全党工作的重中之重，把脱贫攻坚作为全面建成小康社会的标志性工程，启动实施乡村振兴战略，加快推进现代农业建设，乡村振兴实现良好开局。

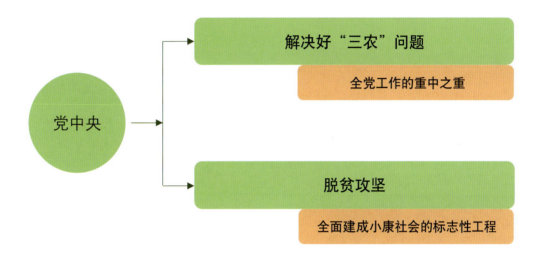

决战脱贫攻坚取得全面胜利。现行标准下农村贫困人口全部脱贫，832个贫困县全部摘帽，12.8万个贫困村全部出列，完成了消除绝对贫困和区域性整体贫困的艰巨任务，创造了人类减贫史上的奇迹。

　　农业综合生产能力稳步提升。粮食连年丰收，产量连续保持在1.3万亿斤[*]以上，肉蛋奶、水产品、果菜茶品种丰富、供应充裕。农业科技进步贡献率达到60%，农作物耕种收综合机械化率达到71%，农业绿色发展迈出了新步伐。

　　农民收入水平大幅提高。农村居民人均可支配收入达到17131元，较2010年翻了一番多。城乡居民收入差距缩小到2.56：1。

农村居民人均可支配收入

8000元	➡	16000元	➡	17131元
2010年		2019年		2020年

---

　　* 斤为非法定计量单位，1斤＝500克。——编者注

　　农村基础设施建设得到加强。卫生厕所普及率达到68%，具备条件的乡镇和建制村通硬化路、通客车实现全覆盖，供水供电、通信网络等基础设施明显改善，乡村面貌焕然一新。

　　农村改革纵深推进。农村基本经营制度进一步巩固完善，农村土地、集体产权、经营体制等改革取得突破性进展，乡村治理体系基本建立，农村社会保持和谐稳定。这些成就标志着农业农村发展实现了新的跨越，站到了新的历史起点上，为"十四五"时期加快推进农业农村现代化奠定了坚实的基础。

决战脱贫攻坚取得全面胜利

发展基础

农业综合生产能力稳步提升

农民收入水平大幅提高

农村基础设施建设得到加强

农村改革纵深推进

◇ 知识链接 ··················

　　党的十九大报告指出："加强农村基层基础工作，健全自治、法治、德治相结合的乡村治理体系。"《中共中央国务院关于加强和完善城乡社区治理的意见》也曾指出："充分发挥自治章程、村规民约、居民公约在城乡社区治理中的积极作用，弘扬公序良俗，促进法治、德治、自治有机融合。"作为乡村治理体系的三要素，自治、法治、德治相互关联、相互交融。

　　党的二十大在擘画全国建成社会主义现代化强国宏伟蓝图时，对农业农村工作进行了总体部署。概括讲：未来5年"三农"工作要全面推进乡村振兴，到2035年基本实现农业现代化，到本世纪中叶建成农业强国。

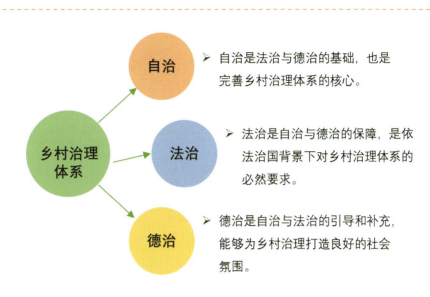

自治是法治与德治的基础，也是完善乡村治理体系的核心。

法治是自治与德治的保障，是依法治国背景下对乡村治理体系的必然要求。

德治是自治与法治的引导和补充，能够为乡村治理打造良好的社会氛围。

自治：村民自治，实质上就是保障广大村民直接行使民主权利，更好地进行民主选举、民主决策、民主管理、民主监督。

法治：从立法、执法、司法、法治宣传四个角度合力推进，为自治与德治提供保障。

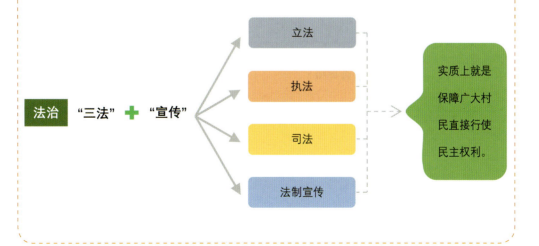

德治：在乡村治理运行中，它以传统优秀文化、村规民约和现代先进理念为依托，通过强化道德的教化功能，形成乡村公共意识、维护乡村秩序、推进乡村治理现代化。

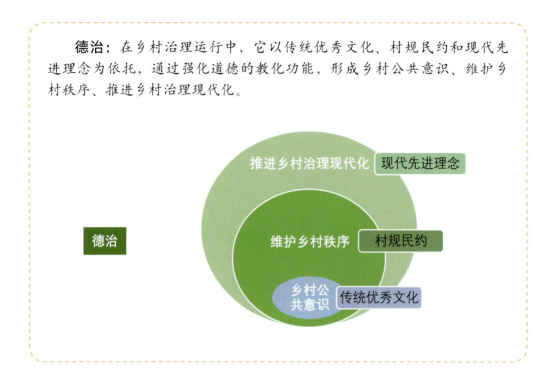

当前和今后的一个时期，国内外环境发生深刻复杂变化，我国农业农村发展仍面临不少矛盾和挑战。

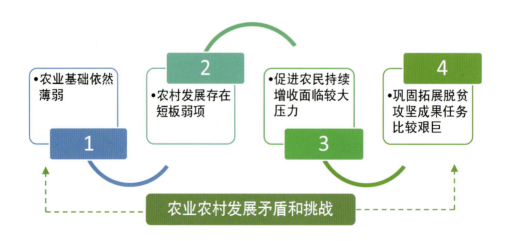

◇　**知识链接** ·························· >>>>>

　　对标到2035年基本实现社会主义现代化目标，农业农村发展仍然是经济社会发展最大的短板，是国家现代化最突出的短腿，农业发展基础差、底子薄、发展滞后的状况没有根本改变。展望"十四五"，世界处于百年未有之大变局的加速演变期，新冠肺炎疫情影响广泛，大国战略博弈成为常态，国内经济处于转变发展方式、优化经济结构、转换增长动力的攻坚阶段，农业农村发展内外部环境更加复杂多变。

　　农业基础依然薄弱。耕地质量退化面积较大，育种科技创新能力不足，抗风险能力较弱。资源环境刚性约束趋紧，农业面源污染仍然突出。转变农业发展方式任务繁重，农村一二三产业融合发展水平不高，农业质量效益和竞争力不强。

农村发展存在短板弱项。制约城乡要素双向流动和平等交换的障碍依然存在，人才服务乡村振兴保障机制仍不健全，防汛抗旱等防灾减灾体系还不完善，基础设施仍有明显薄弱环节，民生保障还存在不少弱项。

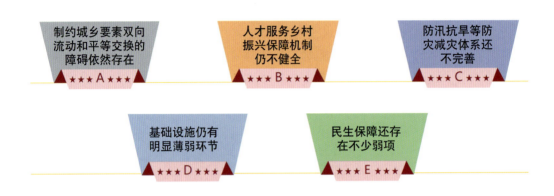

促进农民持续增收面临较大压力。城乡居民收入差距仍然较大，种养业特别是粮食种植效益偏低，农民就业制约因素较多，农村人口老龄化加快，农村精神文化缺乏，支撑农民增收的传统动能逐渐减弱、新动能亟待培育。

巩固拓展脱贫攻坚成果任务比较艰巨。脱贫地区产业发展基础仍然不强，内生动力和自我发展能力亟待提升，部分脱贫户脱贫基础还比较脆弱，防止返贫任务较重。

"十四五"时期，我国开启全面建设社会主义现代化国家新征程，为加快农业农村现代化带来了难得机遇。

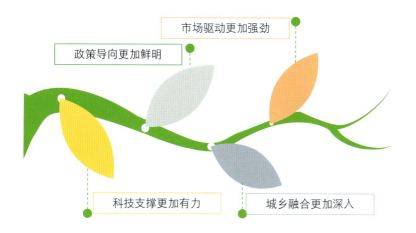

市场驱动更加强劲

政策导向更加鲜明

科技支撑更加有力

城乡融合更加深入

◇ **知识链接** ··································

"十四五"时期，我国农业农村发展仍处于重大战略机遇期，但机遇和条件都发生了重大变化。"三农"工作必须把发展质量问题摆在更加突出的位置，坚持系统观念，融入协同理念，加快转变发展方式，调整优化目标任务。

最大的机遇就是新发展格局。党的十九届五中全会提出，"要畅通国内大循环，促进国内国际双循环，构建以国内大循环为主，国内国际双循环相互促进的新发展格局"。这是事关经济社会发展全局的系统性、深层次变革，也是推进农业农村现代化宏观层面的战略背景和总体判断。

党的十九届五中全会提出

畅通国内大循环

促进国内国际双循环

构建以国内大循环为主，国内国际双循环相互促进的新发展格局从国际来看，世界进入动荡变革期，全球农产品贸易环境的不确定性显著增加。在国际循环不畅的情况下，坚持"以我为主、立足国内"的粮食安全战略具有特殊重要意义。从国内来看，我国社会主要矛盾发生变化，城乡发展不平衡、农村发展不充分问题变得更加突出。总的来看，农业农村改革与发展任务复杂而艰巨，面临多重风险和挑战。

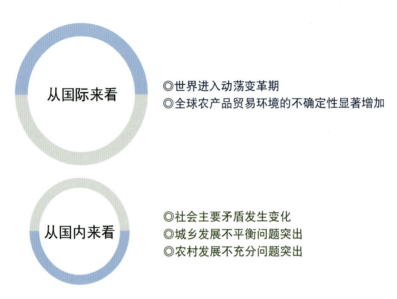

从国际来看
◎世界进入动荡变革期
◎全球农产品贸易环境的不确定性显著增加

从国内来看
◎社会主要矛盾发生变化
◎城乡发展不平衡问题突出
◎农村发展不充分问题突出

与以往相比，"十四五"时期所处的这个战略机遇期具有一些新的特点。一是机遇和挑战前所未有，但机遇和挑战都同步发生了新的变化；二是战略机遇期的内生性、可塑性和延展性显著增强；三是战略机遇期的发展共享性和风险传导性逐步显现。面对新的机遇与挑战，"三农"工作必须把新发展理念贯穿始终，有效克服各种风险，加快推进农业农村现代化。

特点

1. 机遇和挑战前所未有，但机遇和挑战都同步发生了新的变化

2. 战略机遇期的内生性、可塑性和延展性显著增强

3. 战略机遇期的发展共享性和风险传导性逐步显现

政策导向更加鲜明。全面实施乡村振兴战略，农业支持保护持续加力，多元投入格局加快形成，更多资源要素向乡村集聚，将为推进农业农村现代化提供有力保障。

市场驱动更加强劲。构建新发展格局，把扩大内需作为战略基点，国内超大规模市场优势不断显现，农村消费潜力不断激发，农业多种功能、乡村多元价值开发带动新消费需求，将为推进农业农村现代化拓展广阔空间。

科技支撑更加有力。新一轮科技革命和产业变革深入发展，生物技术、信息技术等加快向农业农村各领域渗透，乡村产业加快转型升级，数字乡村建设不断深入，将为推进农业农村现代化提供动力支撑。

城乡融合更加深入。以工补农、以城带乡进一步强化，工农互促、城乡互补、协调发展、共同繁荣的新型工农城乡关系加快形成，城乡要素双向流动和平等交换机制逐步健全，将为推进农业农村现代化注入新的活力。

综合判断，"十四五"时期是加快农业农村现代化的重要战略机遇期，必须加强前瞻性思考、全局性谋划、战略性布局、整体性推进，以更高的站位、更大的力度、更实的举措，书写好中华民族伟大复兴的"三农"新篇章。

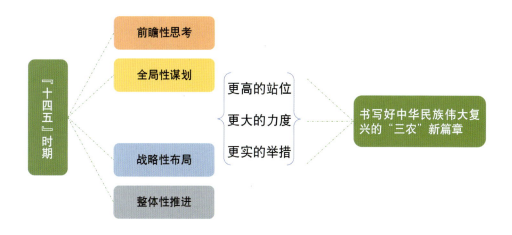

第二节 发展特征

推进农业农村现代化，必须立足国情农情特点。我国实行农村土地农民集体所有、家庭承包经营的农村基本经营制度，从根本上保证广大农民平等享有基本生产资料，为实现共同富裕奠定了坚实基础。超大规模人口、超大规模农产品需求的现实，决定了不能依靠别人，必须立足国内解决14亿人吃饭问题。农民数量众多且流动性强，保持农村长期稳定、保障广大农民在城乡间可进可退，是我们应对经济社会发展风险挑战的回旋余地和特殊优势。人均水土资源匮乏且匹配性差，实现稳产丰产，必须加快科技进步，用现代物质技术装备弥补水土资源禀赋的先天不足。

超大规模人口、超大规模农产品需求	必须立足国内解决14亿人吃饭问题
农民数量众多且流动性强，保持农村长期稳定、保障广大农民在城乡间可进可退	是应对经济社会发展风险挑战的回旋余地和特殊优势
人均水土资源匮乏且匹配性差，实现稳产丰产	加快科技进步，用现代物质技术装备弥补水土资源禀赋的先天不足

推进农业农村现代化，必须立足农业产业特性。农业生产过程受自然力影响大，既要顺应天时，又要遵循生物生长规律，不误农时高效稳定组织生产。农业生产地域特色鲜明，不同地区资源禀赋差异大，需要因地因时制宜发展特色优势产业。

农业生产过程受自然力影响大	• 既要顺应天时，又要遵循生物生长规律
农业生产地域特色鲜明	• 因地因时制宜发展特色优势农业
农业生产面临双重风险	• 加强农业支持保护，强化防灾减灾能力建设，健全完善市场调控体系
农业家庭经营占主导地位	• 加快发展农业社会化服务，将现代生产要素导入小农户，提升科技水平和生产效率
农业产业链和价值链仍处于低端	• 加快提升现代化水平，打造全产业链

农业生产面临双重风险，既有自然风险、也有市场风险，需要加强农业支持保护，强化防灾减灾能力建设，健全完善市场调控体系。农业家庭经营占主导地位，大国小农基本国情农情将长期存在，需要加快发展社会化服务，将现代生产要素导入小农户，提升科技水平和生产效率。农业科技成果运用具有很强的外部性，小农户缺乏采用新技术、新品种的能力，实现科技进步需要更多地依靠农业企业和社会化服务组织的引领带动。我国农业产业链和价值链仍处于低端，需要加快提升现代化水平，打造全产业链，拓展农业增值增效空间。

推进农业农村现代化，必须立足乡村地域特征。村庄集生产生活功能于一体，需要统筹考虑产业发展、人口布局、公共服务、土地利用、生态保护等，科学合理规划农村生产生活的空间布局和设施建设。村庄风貌各具特色，不能简单照搬城市做法，要保留民族特点、地域特征、乡土特色。村庄与自然生态融为一体，保留大量优秀传统乡土文化，需要发掘乡村多元价值，推动乡村自然资源增值，赓续传承农耕文明，促进传统农耕文化与现代文明融合发展，让乡村文明展现出独特魅力和时代风采。乡村建设是个长期过程，必须保持历史耐心，规划先行，注重质量，从容推进。

第三节　战略导向

实现农业农村现代化是全面建设社会主义现代化国家的重大任务，要将先进技术、现代装备、管理理念等引入农业，将基础设施和基本公共服务向农村延伸覆盖，提高农业生产效率、改善乡村面貌、提升农民生活品质，促进农业全面升级、农村全面进步、农民全面发展。

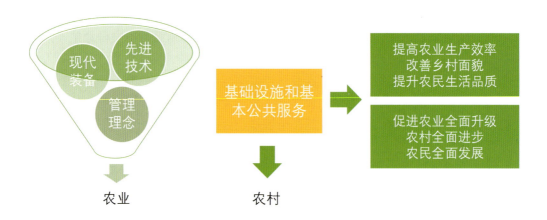

立足国内，基本解决我国人民吃饭问题。把保障粮食等重要农产品供给安全作为头等大事，既保数量，又保多样、保质量，以国内稳产保供的确定性来应对外部环境的不确定性，牢牢守住国家的粮食安全底线。

巩固和完善农村基本经营制度。坚持农村土地农民集体所有、家庭承包经营基础性地位不动摇，保持农村土地承包关系稳定并长久不变，处理好农民和土地的关系，尊重农民意愿，维护农民权益。

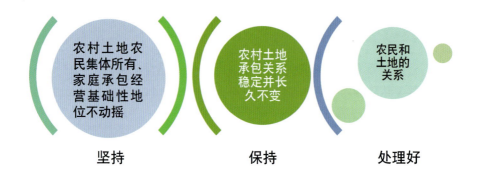

引导小农户进入现代农业发展轨道。发挥新型农业经营主体对小农户的带动作用，健全农业专业化社会化服务体系，构建支持和服务小农户发展的政策体系，实现小农户和现代农业发展的有机衔接。

发挥　• 新型农业经营主体对小农户的带动作用

健全　• 农业专业化社会化服务体系

构建　• 支持和服务小农户发展的政策体系

实现　• 小农户和现代农业发展的有机衔接

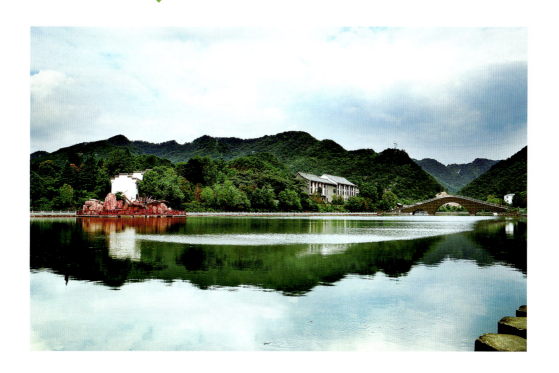

强化农业科技和装备支撑。更加重视依靠农业科技进步，坚持农业科技自立自强，推进关键核心技术攻关，夯实农业设施装备条件，创制运用新型农机装备，健全农业防灾减灾体系，促进农业提质增效。

推进农业全产业链开发。顺应产业发展规律，开发农业多种功能和乡村多元价值，推动农业从种养环节向农产品加工流通等二三产业延伸，健全产业链、打造供应链、提升价值链，从而提高农业综合效益。

有序推进乡村建设。坚持为农民而建，遵循乡村发展建设规律，注重保护乡村特色风貌，促进农村基础设施和基本公共服务向村覆盖、往户延伸，切实做到数量服从质量、进度服从实效。

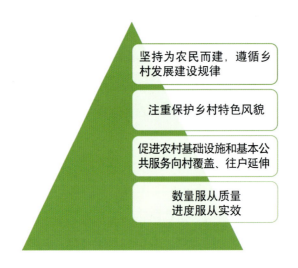

加强和创新乡村治理。 坚持物质文明和精神文明一起抓，创新基层管理体制机制，完善农村法治服务，加强农村思想道德建设，推动形成文明乡风、良好家风、淳朴民风，推进乡村治理体系和治理能力现代化，不断增强农民群众的获得感、幸福感、安全感。

推动城乡融合发展。 将县域作为城乡融合发展的重要切入点，以保障和改善农村民生为优先方向，强化以工补农、以城带乡，加快建立健全城乡融合发展体制机制，推动公共资源县域统筹，促进城乡协调发展、共同繁荣。

促进农业农村可持续发展。 牢固树立绿水青山就是金山银山理念，遵循农业生产规律，注重地域特色，推进农业绿色发展，加强农村生态文明建设，加快形成绿色低碳生产生活方式，走资源节约、环境友好的可持续发展道路。

促进农民农村共同富裕。促进共同富裕，最艰巨最繁重的任务依然在农村。要巩固拓展脱贫攻坚成果，全面推进乡村振兴，使更多农村居民勤劳致富，进城农民工稳定就业增收，全体人民共同富裕迈出坚实步伐。

◇ 政策链接 ·· >>>

2016年10月国务院印发的《全国农业现代化规划（2016—2020年）》（以下简称《规划》），围绕农业现代化的关键领域和薄弱环节，提出创新强农、协调惠农、绿色兴农、开放助农、共享富农五大发展任务，明确构建现代农业产业体系、生产体系、经营体系，走产出高效、产品安全、资源节约、环境友好的农业现代化道路。

2016年10月国务院印发《全国农业现代化规划（2016—2020年）》

五大发展任务	现代农业体系	农业现代化道路
· 创新强农	· 产业体系	· 产出高效
· 协调惠农	· 生产体系	· 产品安全
· 绿色兴农	· 经营体系	· 资源节约
· 开放助农		· 环境友好
· 共享富农		

　　五年来，在以习近平同志为核心的党中央的坚强领导下，各级农业农村部门主动适应经济发展新常态，坚持稳中求进总基调，坚定不移贯彻新发展理念，紧扣打赢脱贫攻坚战和补上全面小康"三农"短板的重点任务，凝神聚力推进《规划》落实、落地，以推进农业供给侧结构性改革为主线，不断完善农业支持保护政策体系，持续深化农村改革，发展壮大新型经营主体队伍，推动农业质量变革、效率变革、动力变革，实现了由改造传统农业到建设现代农业的转变，由一家一户分散经营向多元化适度规模经营转变，由粗放发展向绿色生态可持续发展转变。

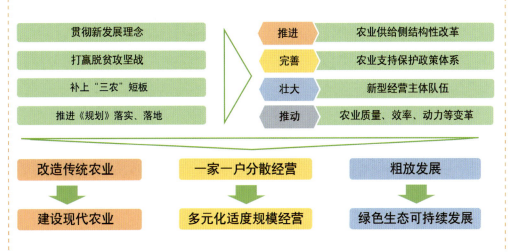

　　据评估，我国农业现代化整体处于转型跨越初期阶段，东部沿海发达地区、大城市郊区、国有垦区和国家现代农业示范区等已基本实现了农业现代化，这标志着农业现代化建设又迈上了一个新台阶，为开启全面建设社会主义现代化国家新征程奠定了坚实基础。

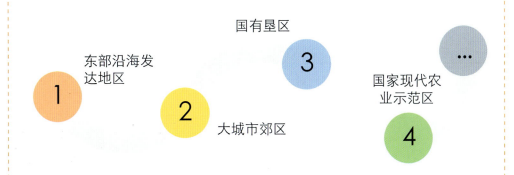

第四节 总体要求

指导思想。以习近平新时代中国特色社会主义思想为指导，深入贯彻党的十九大和十九届二中、三中、四中、五中、六中全会精神，统筹推进"五位一体"总体布局，协调推进"四个全面"战略布局，认真落实党中央、国务院决策部署，坚持稳中求进工作总基调，立足新发展阶段，完整、准确、全面贯彻新发展理念，构建新发展格局，坚持农业农村优先发展，坚持农业现代化与农村现代化一体设计、一并推进，以推动高质量发展为主题，以保供固安全、振兴畅循环为工作定位，深化农业供给侧结构性改革，把乡村建设摆在社会主义现代化建设的重要位置，巩固拓展脱贫攻坚成果同乡村振兴有效衔接，全面推进乡村产业、人才、文化、生态、组织振兴，加快形成工农互促、城乡互补、协调发展、共同繁荣的新型工农城乡关系，促进农业高质高效、乡村宜居宜业、农民富裕富足，为全面建设社会主义现代化国家提供有力支撑。

以习近平新时代中国特色社会主义思想为指导

五位一体 ｜ 经济建设 ｜ 政治建设 ｜ 文化建设 ｜ 社会建设 ｜ 生态文明建设

四个全面

全面建设社会主义现代化国家

全面深化改革

全面依法治国

全面从严治党

- 立足新发展阶段
- 贯彻新发展理念
- 构建新发展格局
- 坚持农业农村优先发展
- 以推动高质量发展为主题
- 以保供固安全、振兴畅循环为工作定位

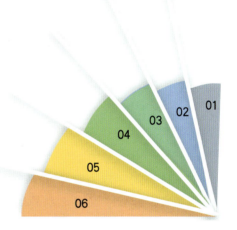

全面建设社会主义现代化国家

◇ **知识链接** ··· >>>>

"四化"同步

　　党的十八大提出了中国特色的"四化"目标，而且对于"四化"之间的关系，也作了深刻准确的描述。

　　"四化"同步，是指坚持走中国特色新型工业化、信息化、城镇化、农业现代化道路，推动信息化和工业化深度融合、工业化和城镇化良性互动、城镇化和农业现代化相互协调，促进工业化、信息化、城镇化、农业现代化同步发展。

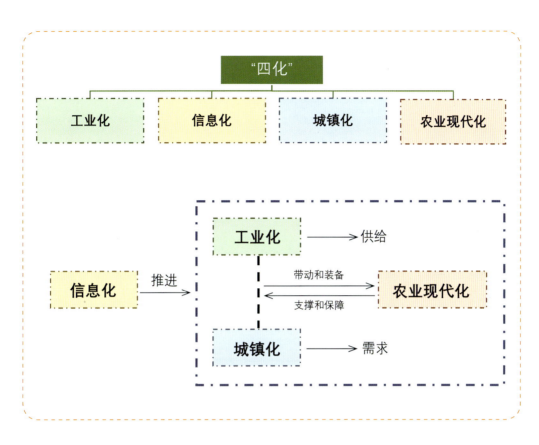

工作原则:

坚持加强
党对"三农"工作
的全面领导

坚持
服务和融入
新发展格局

坚持
农业农村
优先发展

坚持
农民主体
地位

坚持
统筹发展
和安全

坚持
改革创新

坚持
系统观念

坚持
因地制宜和
分类推进

坚持加强党对"三农"工作的全面领导。 始终把解决好"三农"问题作为全党工作的重中之重,坚持五级书记抓乡村振兴,健全党领导农村工作的组织体系、制度体系和工作机制,确保农业农村现代化沿着正确方向前进。

把解决好"三农"问题作为全党工作的重中之重 | 坚持五级书记抓乡村振兴 | 健全党领导农村工作的组织体系、制度体系和工作机制 | 确保农业农村现代化沿着正确方向前进

坚持服务和融入新发展格局。 把新发展理念完整、准确、全面贯穿于农业农村现代化全过程和各领域,主动服务和积极融入以国内大循环为主体、国内国际双循环相互促进的新发展格局。

坚持农业农村优先发展。 强化政策供给,在资金投入、要素配置、基本公共服务、人才配备等方面优先保障农业农村发展,加快补上农业农村短板。

资金投入

要素配置

基本公共服务

人才配备

保障农业农村发展

坚持农民主体地位。树立人民至上理念，在经济上维护农民利益，在政治上保障农民权利，激发农民积极性、主动性、创造性，不断满足农民对美好生活的向往。

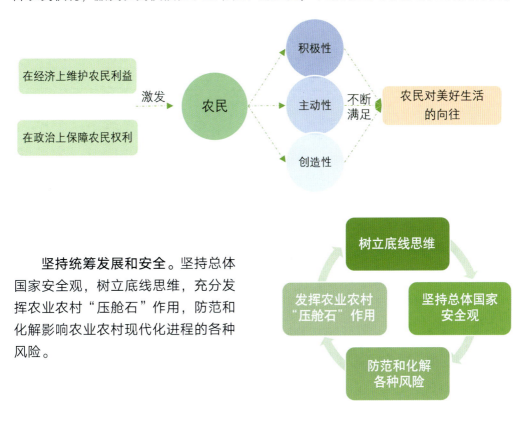

坚持统筹发展和安全。坚持总体国家安全观，树立底线思维，充分发挥农业农村"压舱石"作用，防范和化解影响农业农村现代化进程的各种风险。

坚持改革创新。加快推进农业农村重点领域和关键环节改革，破除制约城乡融合发展的体制机制障碍，推动农业科技成果转化为现实生产力，增强农业农村发展后劲。

坚持系统观念。统筹国内国际两个大局，整体谋划农村经济建设、政治建设、文化建设、社会建设、生态文明建设和党的建设，全面协调推进农业农村现代化。

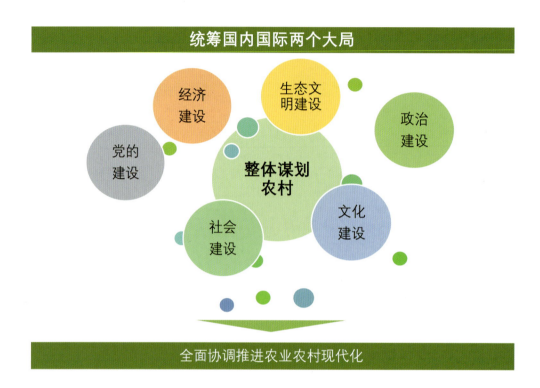

坚持因地制宜和分类推进。科学把握农业农村发展的差异性，保持历史耐心，分类指导、分区施策，稳扎稳打、久久为功，推进不同地区、不同发展阶段的乡村实现现代化。

第五节　主要目标

预计到2025年，农业基础更加稳固，乡村振兴战略全面推进，农业农村现代化取得重要进展。梯次推进有条件的地区率先基本实现农业农村现代化，脱贫地区实现巩固拓展脱贫攻坚成果同乡村振兴有效衔接。

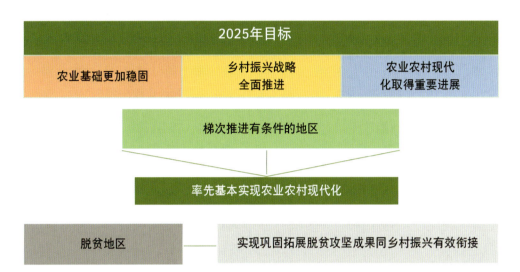

粮食等重要农产品供给有效保障。粮食综合生产能力稳步提升，产量保持在1.3万亿斤以上，确保谷物基本自给、口粮绝对安全。生猪产能巩固提升，棉花、油料、糖料和水产品稳定发展，其他重要农产品保持合理自给水平。

农业质量效益和竞争力稳步提高。农业生产结构和区域布局明显优化，物质技术装备条件持续改善，规模化、集约化、标准化、数字化水平进一步提高，绿色优质农产品供给能力明显增强。产业链、供应链优化升级，现代乡村产业体系基本形成。

农村基础设施建设取得新进展。乡村建设行动取得积极成效，村庄布局进一步优化，农村生活设施不断改善，城乡基本公共服务均等化水平稳步提升。

农村生态环境明显改善。农村人居环境整体提升，农业面源污染得到有效遏制，化肥、农药使用量持续减少，资源利用效率稳步提高，农村生产生活方式绿色低碳转型取得积极进展。

乡村治理能力进一步增强。党组织领导的农村基层组织建设明显加强，乡村治理体系更加健全，乡风文明程度有较大提升，农民精神文化生活不断丰富，农村发展安全保障更加有力。

农村居民收入稳步增长。农民增收渠道不断拓宽，农村居民人均可支配收入增长与国内生产总值增长基本同步，城乡居民收入差距持续缩小。农民科技文化素质和就业技能进一步提高，高素质农民队伍日益壮大。

脱贫攻坚成果巩固拓展。脱贫攻坚政策体系和工作机制同乡村振兴有效衔接，脱贫人口"两不愁三保障"成果有效巩固，防止返贫动态监测和帮扶机制健全完善并有效运转，确保不发生规模性返贫。

展望2035年，乡村全面振兴取得决定性进展，农业农村现代化基本实现。

农业农村现代化的"三个提升"	夯实农业生产基础	**提升粮食等重要农产品供给保障水平** 稳定粮食播种面积、加强耕地保护与质量建设、保障其他重要农产品有效供给、优化农业生产布局、协同推进区域农业发展和提升农业抗风险能力
	推进创新驱动发展	**提升农业质量效益和竞争力** 强化现代农业科技支撑、推进种业振兴、提高农机装备研发应用能力和健全现代农业经营体系
	构建现代乡村产业体系	**提升产业链供应链现代化水平** 优化乡村产业布局、推进产业园区化融合化发展、发展乡村新产业新业态和推进农村创业创新

专栏1 "十四五"推进农业农村现代化主要指标

序号	指标	2020年基期值	2025年目标值	年均增速〔累计〕	指标属性
1	粮食综合生产能力（亿吨）	–	＞6.5	——	约束性
2	肉类总产量（万吨）	7748	8900	2.8%	预期性
3	农业科技进步贡献率（%）	60	64	〔4〕	预期性
4	高标准农田面积（亿亩*）	8	10.75	〔2.75〕	约束性
5	农作物耕种收综合机械化率（%）	71	75	〔4〕	预期性
6	畜禽粪污综合利用率（%）	75	＞80	〔＞5〕	约束性
7	农产品质量安全例行监测合格率（%）	97.8	98	〔0.2〕	预期性
8	农产品加工业与农业总产值比	2.4	2.8	〔0.4〕	预期性
9	较大人口规模自然村（组）通硬化路比例（%）	——	＞85	——	预期性
10	农村自来水普及率（%）	83	88	〔5〕	预期性
11	乡村义务教育学校专任教师本科以上学历比例（%）	60.4	62	〔1.6〕	预期性
12	乡村医生中执业（助理）医师比例（%）	38.5	45	〔6.5〕	预期性
13	乡镇（街道）范围具备综合功能的养老服务机构覆盖率（%）	54	60	〔6〕	预期性
14	农村居民人均可支配收入增速（%）	3.8	——	与GDP增长基本同步	预期性
15	集体收益5万元以上的村占比（%）	54.4	60	〔5.6〕	预期性
16	县级及以上文明村占比（%）	53.2	60	〔6.8〕	预期性
17	农村居民教育文化娱乐消费支出占比（%）	9.5	11.5	〔2〕	预期性

注：〔　〕内为5年累计数。

***

* 亩为非法定计量单位，1亩≈667平方米。——编者注

2

CHAPTER TWO

第二章　夯实农业生产基础　提升粮食等重要农产品供给保障水平

深入实施国家粮食安全战略和重要农产品保障战略，落实藏粮于地、藏粮于技，健全辅之以利、辅之以义的保障机制，强化生产、储备、流通产业链供应链建设，构建科学合理、安全高效的重要农产品供给保障体系，夯实农业农村现代化的物质基础。

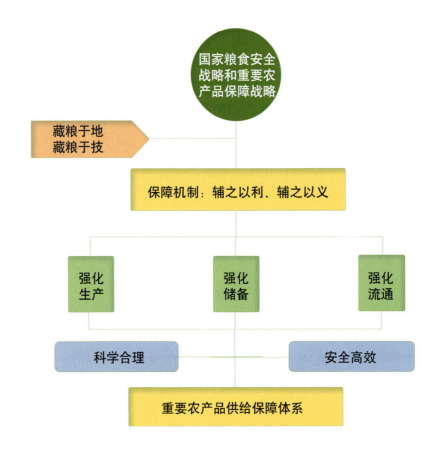

◇ **知识链接** •

农业的"四大功能"

一是能发挥农业食品保障功能。延长产业链、提升价值链、打造供应链，让消费者吃饱、吃好、吃安全、吃健康、吃愉悦。二是能发挥农业生态涵养功能。践行"绿水青山就是金山银山"理念，开发绿色生态高附加值的产品，遵循高效利用的循环经济。三是能发挥农业休闲体验功能。催生"农业＋"乡村新产业新业态跨界融入现代要素和时尚元素，拓宽跨界就业、跨越增收机会。四是能发挥农业文化传承功能。让文化之美，为链条铸魂；以文化之力，为链条赋能，传承民族文化，推进产业创新。

农业食品保障功能	农业"四大功能"	农业生态涵养功能
农业休闲体验功能		农业文化传承功能

农业食品保障功能
- 延长产业链、提升价值链、打造供应链，让消费者吃饱、吃好、吃安全、吃健康、吃愉悦

农业生态涵养功能
- 践行"绿水青山就是金山银山"理念，开发绿色生态高附加值的产品，遵循高效利用的循环经济

农业休闲体验功能
- 催生"农业＋"乡村新产业新业态跨界融入现代要素和时尚元素，拓宽跨界就业、跨越增收机会

农业文化传承功能
- 让文化之美，为链条铸魂；以文化之力，为链条赋能，传承民族文化，推进产业创新

第一节 稳定粮食播种面积

压实粮食安全政治责任。落实粮食安全党政同责，健全完善粮食安全责任制，细化粮食主产区、产销平衡区、主销区考核指标。实施重要农产品区域布局和分品种生产供给方案。加强粮食生产能力建设，守住谷物基本自给、口粮绝对安全底线。

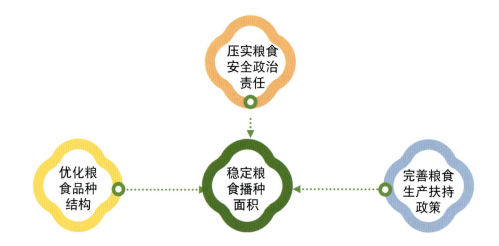

　　完善粮食生产扶持政策。稳定种粮农民补贴，完善稻谷、小麦最低收购价政策和玉米、大豆生产者补贴政策。完善粮食主产区利益补偿机制，健全产粮大县支持政策体系。鼓励粮食主产区主销区之间开展多种形式的产销合作，引导主销区与主产区合作建设生产基地。扩大稻谷、小麦、玉米三大粮食作物完全成本保险和种植收入保险实施范围，支持有条件的省份降低产粮大县三大粮食作物农业保险保费县级补贴比例。

稳定	种粮农民补贴
完善	稻谷、小麦最低收购价政策和玉米、大豆生产者补贴政策
完善	粮食主产区利益补偿机制
健全	产粮大县支持政策体系
鼓励	粮食主产区主销区之间开展多种形式的产销合作
引导	主销区与主产区合作建设生产基地
扩大	稻谷、小麦、玉米三大粮食作物完全成本保险和种植收入保险实施范围
支持	有条件的省份降低产粮大县三大粮食作物农业保险保费县级补贴比例

优化粮食品种结构。稳定发展优质粳稻，巩固提升南方双季稻生产能力。大力发展强筋、弱筋优质专用小麦，适当恢复春小麦播种面积。适当扩大优势区玉米种植面积，鼓励发展青贮玉米等优质饲草饲料。实施大豆振兴计划，增加高油高蛋白大豆供给。稳定马铃薯种植面积，因地制宜发展杂粮杂豆。

政策链接 ····················

农垦带头扩种大豆油料行动

2022年4月，农业农村部印发《2022年农垦带头扩种大豆油料行动方案》，对农垦带头扩种大豆油料作出安排部署。

行动目标：

不折不扣落实地方政府分解下达的大豆油料扩种任务，确保全国农垦大豆种植面积达到1460万亩以上，力争超过2020年水平；实现油菜、向日葵、花生等油料作物播种面积稳中有增，确保全国农垦油料作物种植面积达到460万亩以上；推动大豆油料单产水平稳步提升，单产提高2%以上；推动社会化服务向垦区外延伸，生产托管大豆面积120万亩以上、单产提高10%以上。

行动目标 —落实→ 地方政府分解下达的大豆油料扩种任务

- 确保全国农垦大豆种植面积达到1460万亩以上，力争超过2020年水平
- 实现油菜、向日葵、花生等油料作物播种面积稳中有增，确保全国农垦油料作物种植面积达到460万亩以上
- 推动大豆油料单产水平稳步提升，单产提高2%以上
- 推动社会化服务向垦区外延伸，生产托管大豆面积120万亩以上、单产提高10%以上

方案要求：

通过优化布局、深挖潜力、科学轮作等方式带头扩大大豆油料种植面积。

通过选用优质良种、提升耕地地力、推广高产模式、做好节粮减损等方式带头提高大豆油料单产水平。

通过发展规模经营、提高生产效率、延长产业链、防控市场风险等方式带头推动大豆油料生产降成本增效益。

通过技术服务、提升管理、产业引领等方式辐射带动地方大豆油料产业的发展。

把扩种大豆油料摆在突出重要位置，建立一级抓一级、层层抓落实的工作推进机制。

◇ **案例链接** ....

增城全力保障粮食生产

2022年以来，广东省广州市增城区主动扛起粮食安全政治责任，落实党政同责，毫不松懈抓好粮食生产，深入实施"藏粮于地、藏粮于技"，稳政策、稳面积、稳产量，确保粮食等重要农产品安全有效供给，推动增城区粮食绿色低碳、高质量发展。

据统计，2021年，增城共投入财政资金1.75亿元支持粮食生产，创建省级丝苗米现代农业产业园，培育区级以上粮食农业龙头企业7家、种粮大户396户，农民种粮积极性显著提升。今年增城区粮食生产目标任务为：播种面积预计达到15.35万亩以上、产量5.43万吨以上，其中春播粮食面积约8.3万亩，早稻约7.05万亩。

增城区还大力推进时光穗稻乡村振兴示范带建设，规模流转近2.7万亩耕地，引进科旺实业、广东现代种业等优质企业，建成业界首个5G智慧稻场和水稻千亩直播示范区，大力发展农业托管服务，精准、科学、绿色种植丝苗米。

第二节　加强耕地保护与质量建设

坚守18亿亩耕地红线。落实最严格的耕地保护制度，加强耕地用途管制，实行永久基本农田特殊保护。严禁违规占用耕地和违背自然规律绿化造林、挖湖造景，严格控制非农建设占用耕地，建立健全耕地数量、种粮情况监测预警及评价通报机制，坚决遏制耕地"非农化"、严格管控"非粮化"。改善撂荒地耕种条件，有序推进撂荒地利用。明确耕地利用优先序，永久基本农田重点用于发展粮食生产，特别是保障稻谷、小麦、玉米等谷物种植。强化土地流转用途监管。

坚守18亿亩耕地红线

坚决遏制耕地"非农化"，严格管控"非粮化"

实施国家黑土地保护

提升耕地质量水平

推进高标准农田建设

实施新一轮高标准农田建设规划

　　推进高标准农田建设。 实施新一轮高标准农田建设规划。高标准农田全部上图入库并衔接国土空间规划"一张图"。加大农业水利设施建设力度，因地制宜推进高效节水灌溉建设，支持已建高标准农田改造提升。实施大中型灌区续建配套和现代化改造，在水土资源适宜地区有序新建一批大型灌区。

新一轮高标准农田建设规划 → 高标准农田全部上图入库并衔接国土空间规划"一张图"

已建高标准农田改造提升 → 加大农业水利设施建设力度

因地制宜推进高效节水灌溉建设

实施大中型灌区续建配套和现代化改造 → 在水土资源适宜地区有序新建一批大型灌区

　　提升耕地质量水平。实施国家黑土地保护工程，因地制宜推广保护性耕作，提高黑土地耕层厚度和有机质含量。推进耕地保护与质量提升行动，加强南方酸化耕地降酸改良治理和北方盐碱耕地压盐改良治理。加强和改进耕地占补平衡管理，严格新增耕地核实认定和监管，严禁占优补劣、占水田补旱地。健全耕地质量监测监管机制。

 政策链接 ··········

遏止耕地"非农化"

　　2020年9月，国务院办公厅印发《关于坚决制止耕地"非农化"行为的通知》指出，耕地是粮食生产的重要基础，并明确提出六种严禁的耕地"非农化"行为。

　　（1）严禁违规占用耕地绿化造林。禁止占用永久基本农田种植苗木、草皮等用于绿化装饰以及其他破坏耕作层的植物。违规占用耕地及永久基本农田造林的，不予核实造林面积，不享受财政资金补助政策。

　　（2）严禁超标准建设绿色通道。要严格控制铁路、公路两侧用地范围以外的绿化带用地审批，道路沿线是耕地的，两侧用地范围以外绿化带宽度不得超过5米，其中县乡道路不得超过3米。不得违规在河渠两侧、水库周边占用耕地及永久基本农田超标准建设绿色通道。禁止以城乡绿化建设等名义违法违规占用耕地。

　　（3）严禁违规占用耕地挖湖造景。禁止以河流、湿地、湖泊治理为名，擅自占用耕地及永久基本农田挖田造湖、挖湖造景。不准在城市建设中违规占用耕地建设人造湿地公园、人造水利景观。

　　（4）严禁占用永久基本农田扩大自然保护地。新建的自然保护地应当边界清楚，不准占用永久基本农田。自然保护地以外的永久基本农田和集中连片耕地，不得划入生态保护红线。

（5）**严禁违规占用耕地从事非农建设。**不得违反规划搞非农建设、乱占耕地建房等。巩固"大棚房"问题清理整治成果，强化农业设施用地监管。加强耕地利用情况监测，对乱占耕地从事非农建设及时预警，构建早发现、早制止、严查处的常态化监管机制。

（6）**严禁违法违规批地用地。**各地区不得通过擅自调整县乡国土空间规划规避占用永久基本农田审批。对各类未经批准或不符合规定的建设项目、临时用地等占用耕地及永久基本农田的，依法依规严肃处理，责令限期恢复原种植条件。

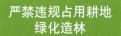

严禁违规占用耕地绿化造林　　严禁占用永久基本农田扩大自然保护地

严禁超标准建设绿色通道　　制止耕地"非农化"　　严禁违规占用耕地从事非农建设

严禁违规占用耕地挖湖造景　　严禁违法违规批地用地

第三节 保障其他重要农产品有效供给

发展现代畜牧业。健全生猪产业平稳有序发展长效机制，推进标准化规模养殖，将猪肉产能稳定在5500万吨左右，防止生产大起大落。实施牛羊发展五年行动计划，大力发展草食畜牧业。加强奶源基地建设，优化乳制品产品结构。稳步发展家禽业。建设现代化饲草产业体系，推进饲草料专业化生产。

- 推进生猪、牛羊、奶业、家禽业振兴，建设现代化饲草产业体系

- 完善水域滩涂保护制度，开展水产养殖示范区、海洋牧场、远洋渔业基地建设

- 优化果菜茶品种结构和区域布局，落实"菜篮子"市长负责制，增加绿色优质产品供给

发展现代畜牧业

加快渔业转型升级

促进果菜茶多样化发展

加快渔业转型升级。完善重要养殖水域滩涂保护制度，严格落实养殖水域滩涂规划和水域滩涂养殖证核发制度，保持可养水域面积总体稳定，到2025年水产品年产量达到6900万吨。推进水产绿色健康养殖，稳步发展稻渔综合种养、大水面生态渔业和盐碱水养殖。优化近海绿色养殖布局，支持深远海养殖业发展，加快远洋渔业基地建设。加强渔港建设和管理，建设渔港经济区。

完善重要养殖水域滩涂保护制度 ▶	严格落实养殖水域滩涂规划和水域滩涂养殖证核发制度
推进水产绿色健康养殖 ▶	稳步发展稻渔综合种养、大水面生态渔业和盐碱水养殖
优化近海绿色养殖布局 ▶	支持深远海养殖业发展
加强渔港建设和管理 ▶	建设渔港经济区

　　促进果菜茶多样化发展。发展设施农业，因地制宜发展林果业、中药材、食用菌等特色产业。强化"菜篮子"市长负责制，以南菜北运基地和黄淮海地区设施蔬菜生产为重点，加强冬春蔬菜生产基地建设，以高山、高原、高海拔等冷凉地区蔬菜生产为重点，加强夏秋蔬菜生产基地建设，构建品种互补、档期合理、区域协调的供应格局。统筹茶文化、茶产业、茶科技，提升茶业发展质量。

◇　**案例链接** ·····················　>>>

西藏粮仓——日喀则

　　日喀则市产业以种养业为主，素有"西藏粮仓"之美誉，其经济比重在西藏的整个经济体系中占有重要位置。主要种植青稞、饲草、油菜籽、蔬菜、小麦等作物。是高寒地区草食畜牧业、蔬菜、水果的重要产区，先后建成日喀则珠峰现代农业科技创新博览园、江牧县红河谷农业科技基地、白朗有机农业产业园蔬菜示范基地（七彩庄园）、白朗县万亩枸杞生态观光产业园、日喀则市百亚成如意庄园养殖深加工基地、珠峰南木县万亩马铃薯种植基地、桑珠孜区"光伏＋生态"设施农业产业扶贫示范园等基地，核心区内四大主导产业——蔬菜、青稞、畜牧和民俗旅游已初具规模，具有良好的市场基础。创建了"天域绿""七彩庄园""雪域王""珠峰净物"等区内外知名品牌，塑造了"五彩天域、有机白朗"地域公共品牌，形成了以青稞、高原设施园艺为主导的种植基地、产后初加工、冷链仓储物流、贸易销售等一批产业主体集群的发展格局。

◇ **案例链接** ··· >>>

中国小叶苦丁茶之乡——贵州余庆县

余庆县位于贵州省遵义市，东与石阡县接壤，南接黄平县，西北接湄潭县，县域面积1623.7平方千米。辖8镇1乡1街道办事处，71个村（社区），总人口31.09万人。先后荣获"全国乡村治理体系建设试点单位""中国茶叶百强县""中国小叶苦丁茶之乡""全国绿色食品（茶）一二三产业融合发展示范园区""小叶苦丁茶地理标志保护产品"等全国性殊荣。

获国家原产地域保护的小叶苦丁茶享有"绿色金子"的美誉。截至2022年，全县绿色食品产业产值已突破12亿元，拥有绿色食品企业81家，其中规模以上食品企业13家，实现规模以上绿色食品产业产值2.9亿元。

　　余庆县还积极与贵州省农业科学院、贵州省中国科学院天然产物化学重点实验室等开展合作，建立茶叶生化特征成分指纹图谱。基于老叶片开发功能保健品、食品及中成药产品及其原料药，重点研发苦丁茶系列的清火保健品、降血糖保健品、功能性保健品。

第四节　优化农业生产布局

　　加强粮食生产功能区建设。以东北平原、长江流域、东南沿海地区为重点，建设水稻生产功能区。以黄淮海地区、长江中下游、西北及西南地区为重点，建设小麦生产功能区。以东北平原、黄淮海地区以及汾河和渭河流域为重点，建设玉米生产功能区。加大粮食生产功能区政策支持力度，相关农业资金向粮食生产功能区倾斜，优先支持粮食生产功能区内的目标作物种植。以产粮大县集中、基础条件良好的区域为重点，打造生产基础稳固、产业链条完善、集聚集群融合、绿色优质高效的国家粮食安全产业带。

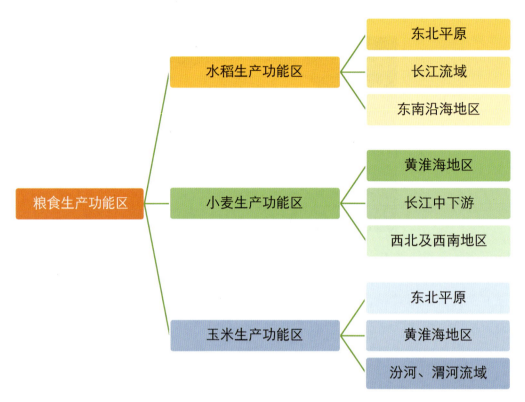

加强重要农产品生产保护区建设。以东北地区为重点、黄淮海地区为补充，提升大豆生产保护区综合生产能力。以新疆为重点、长江和黄河流域的沿海沿江环湖地区为补充，建设棉花生产保护区。以长江流域为重点，扩大油菜生产保护区种植面积。积极发展黄淮海地区花生生产，稳定提升长江中下游地区油茶生产，推进西北地区油葵、芝麻、胡麻等油料作物发展。巩固提升广西、云南糖料蔗生产保护区产能。加强海南、云南、广东天然橡胶生产保护区胶园建设。

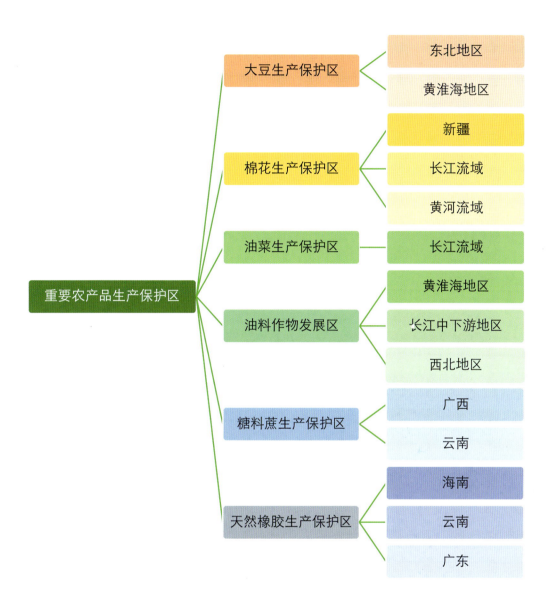

加强特色农产品优势区建设。发掘特色资源优势，建设特色农产品优势区，完善特色农产品优势区体系。强化科技支撑、质量控制、品牌建设和产品营销，建设一批特色农产品标准化生产、加工和仓储物流基地，培育一批特色粮经作物、园艺产品、畜产品、水产品、林特产品产业带。

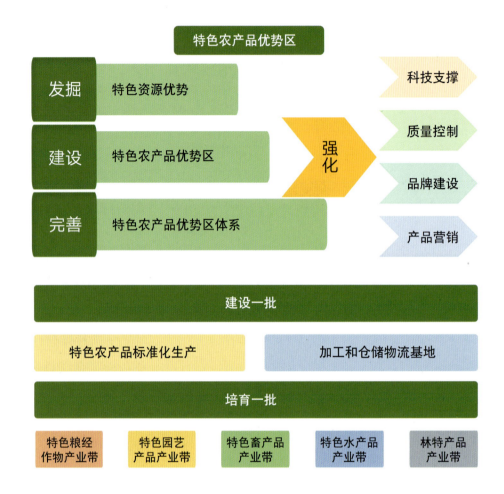

特色农产品优势区

发掘　特色资源优势

建设　特色农产品优势区

完善　特色农产品优势区体系

强化

科技支撑

质量控制

品牌建设

产品营销

建设一批

特色农产品标准化生产

加工和仓储物流基地

培育一批

特色粮经作物产业带

特色园艺产品产业带

特色畜产品产业带

特色水产品产业带

林特产品产业带

第五节　协同推进区域农业发展

服务国家重大战略。推进西部地区农牧业全产业链价值链转型升级，大力发展高效旱作农业、节水型设施农业、戈壁农业、寒旱农业。加快发展西南地区丘陵山地特色农业，积极发展高原绿色生态农业。推进东北地区加快发展现代化大农业，建设稳固的国家粮食战略基地。巩固提升中部地区重要粮食生产基地地位，加强农业资源节约集约利用。发挥东部地区创新要素集聚优势，大力发展高效农业，率先基本实现农业现代化。统筹利用海岸带和近海、深海海域，发展现代海洋渔业。

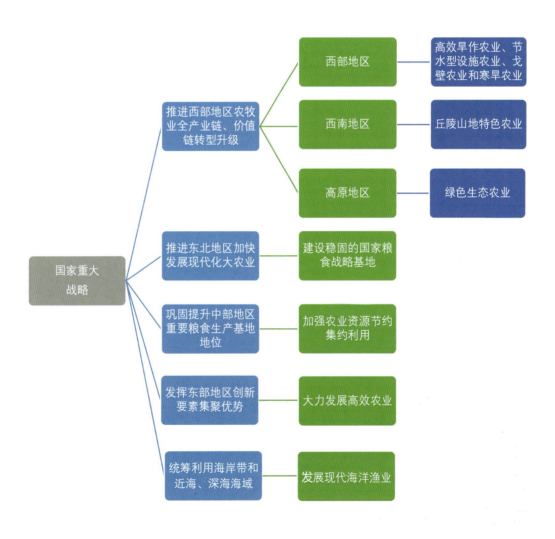

推进重点区域农业发展。深入推进京津冀现代农业协同发展，支持雄安新区建设绿色生态农业。深化粤港澳大湾区农业合作，建设与国际一流湾区和世界级城市群相配套的绿色农产品生产供应基地。推进长江三角洲区域农业一体化发展，先行开展农产品冷链物流、环境联防联治等统一标准试点，发展特色乡村经济。发挥海南自由贸易港优势，扩大农业对外开放，建设全球热带农业中心和动植物种质资源引进中转基地。全域推进成渝地区双城经济圈城乡统筹发展，建设现代高效特色农业带。

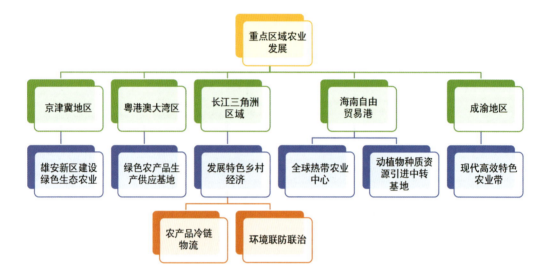

第六节　提升农业抗风险能力

增强农业防灾减灾能力。加强防洪控制性枢纽工程建设，推动大江大河防洪达标提升，加快中小河流治理，调整和建设蓄滞洪区，完成现有病险水库除险加固。加强农业气象综合监测网络建设，强化农业气象服务。健全动物防疫和农作物病虫害防治体系，加强监测预警网络建设。发挥农业保险灾后减损作用。

提升重要农产品市场调控能力。深化农产品收储制度改革，改革完善中央储备粮管理体制，加快培育多元市场购销主体，提升重要农产品收储调控能力。健全粮食储备体系，保持合理储备规模，合理布局区域性农产品应急保供基地。加强粮食等重要农产品监测预警，建立健全多部门联合分析机制和信息发布平台。开展粮食节约行动，有效降低粮食损耗。实施新一轮中国食物与营养发展纲要。

稳定国际农产品供应链。实施农产品进口多元化战略，健全农产品进口管理机制，稳定大豆、食糖、棉花、天然橡胶、油料油脂、肉类、乳制品等农产品国际供应链。

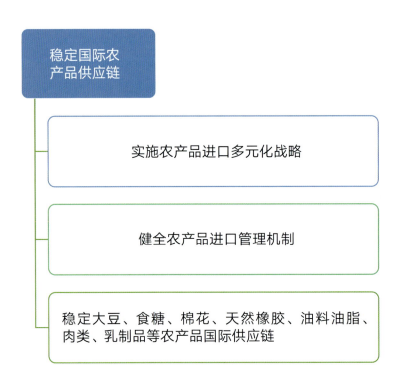

保障农业生产安全。健全农业安全生产制度体系，推动农业企业建立完善全过程安全生产管理制度。实施农业安全生产专项整治三年行动。构建渔业安全治理体系，提升渔船装备、渔民技能、渔港避风和风险保障能力。强化农机安全生产，组织平安农机示范创建。加强农药安全使用技术培训与指导。加强农村沼气报废设施安全处置。

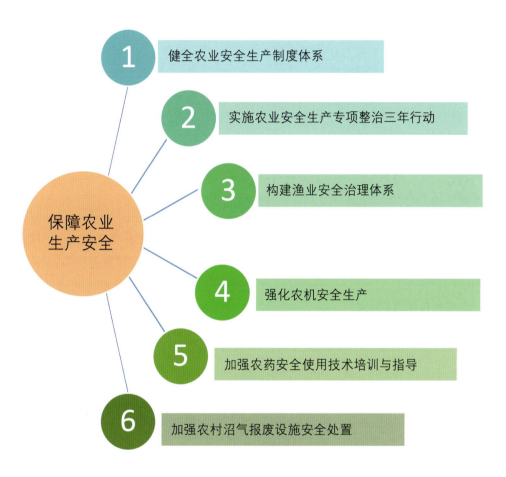

专栏2 粮食等重要农产品安全保障工程

1. 高标准农田建设

以永久基本农田、粮食生产功能区和重要农产品生产保护区为重点，新建高标准农田2.75亿亩，其中新增高效节水灌溉面积0.6亿亩，并改造提升现有高标准农田1.05亿亩。

2. 黑土地保护

以土壤侵蚀治理、农田基础设施建设、肥沃耕层构建、盐碱渍涝治理为重点，加强黑土地综合治理。实施东北黑土地保护性耕作行动计划，保护性耕作实施面积达1.4亿亩。

3. 国家粮食安全产业带建设

立足水稻、小麦、玉米、大豆等生产供给，统筹布局生产、加工、储备、流通等能力建设，打造东北平原、黄淮海地区、长江中下游地区等粮食安全产业带。

4. 优质粮食工程

推进粮食优产、优购、优储、优加、优销"五优联动"，统筹开展粮食绿色仓储、品种品质品牌、质量追溯、机械装备、应急保障能力、节约减损健康消费"六大提升行动"，加快建设现代化粮食产业体系。

5. 棉油糖胶生产能力建设

改善棉田基础设施条件，加大采棉机械推广力度。加快坡改梯和中低产蔗田改造，建设一批规模化机械化、高产高效的优质糖料生产基地。推进油茶等木本油料低产低效林改造。加快老残胶园更新改造。

6. 绿色高质高效行动

选择一批粮油作物生产基础好、产业集中度高的县（市、区），集成推广区域性、标准化高产高效技术，示范带动大面积均衡增产增效、提质增效。

（续）

7.动物防疫和农作物病虫害防治

提升动物疫病国家参考实验室和病原学监测区域中心设施条件，改善牧区动物防疫专用设施和基层动物疫苗冷藏设施，建设动物防疫指定通道和病死动物无害化处理场。建设水生动物疫病监控监测中心和实验室。分级建设农作物病虫害监测、应急防治和农药风险监控等中心。

8.生猪标准化养殖

启动实施新一轮生猪标准化规模养殖提升行动，推动一批生猪标准化养殖场改造养殖饲喂、动物防疫及粪污处理等设施装备，继续开展生猪调出大县奖励，加大规模养猪场信贷支持。

9.草食畜牧业提升

实施基础母畜扩群提质和南方草食畜牧业增量提质行动，引导一批肉牛肉羊规模养殖场实施畜禽圈舍标准化、集约化、智能化改造。

10.奶业振兴工程

改造升级一批适度规模奶牛养殖场，推动重点奶牛养殖大县整县推进生产数字化管理，建设一批重点区域生鲜乳质量检测中心，建设一批优质饲草料基地。

11.水产养殖转型升级

实施水产健康养殖提升行动，创建一批国家级水产健康养殖和生态养殖示范区。发展深远海大型智能化养殖渔场。

12.渔船更新改造和渔港建设

推动渔船及装备更新改造和减船转产，建造新材料、新能源渔船。加强沿海现代渔港建设，提高渔港避风能力。

CHAPTER THREE

第三章　推进创新驱动　发展
提升农业质量效益和竞争力

深入推进农业科技创新，健全完善经营机制，推动品种培优、品质提升、品牌打造和标准化生产，不断提高农牧渔业发展水平。

深入推进农业科技创新

健全完善经营机制

品种培优

品质提升

品牌打造

标准化生产

不断提高

农牧渔业发展水平

第一节　强化现代农业科技支撑

开展农业关键核心技术攻关。完善农业科技领域基础研究稳定支持机制，加强农业基础理论、科研基础设施、定位观测体系、资源生态监测系统建设。聚焦基础前沿重点领域，加快突破一批重大理论和工具方法。聚焦生物育种、耕地质量、智慧农业、农业机械设备、农业绿色投入品等关键领域，加快研发与创新一批关键核心技术及产品。加快动物疫病和农作物病虫害相关研究，如气象环境成因、传播机理，致病机制研究，提升农业重大风险防控和产业安全保障能力。

完善农业科技领域基础研究
稳定支持机制

加强建设

农业基础理论

科研基础设施

定位观测体系

资源生态监测系统

聚焦基础前沿重点领域 → 加快突破一批重大理论和工具方法

生物育种

耕地质量

智慧农业

农业机械设备

农业绿色投入品

加快研发与创新一批关键核心
技术及产品

加快动物疫病和农作物病虫害

气象环境成因、传播机理

致病机制研究

提升农业重大风险防控和产业安全保
障能力

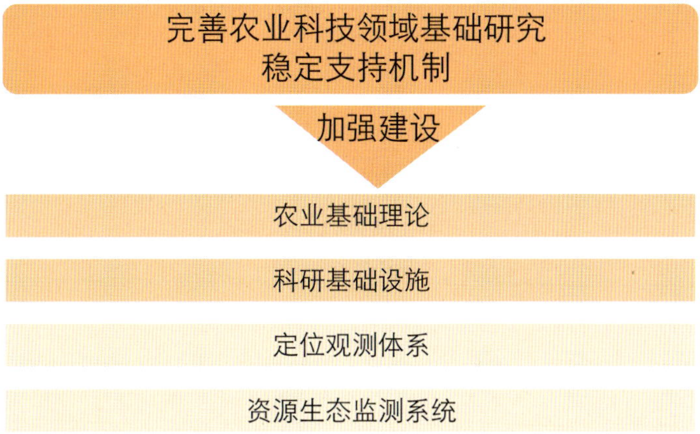

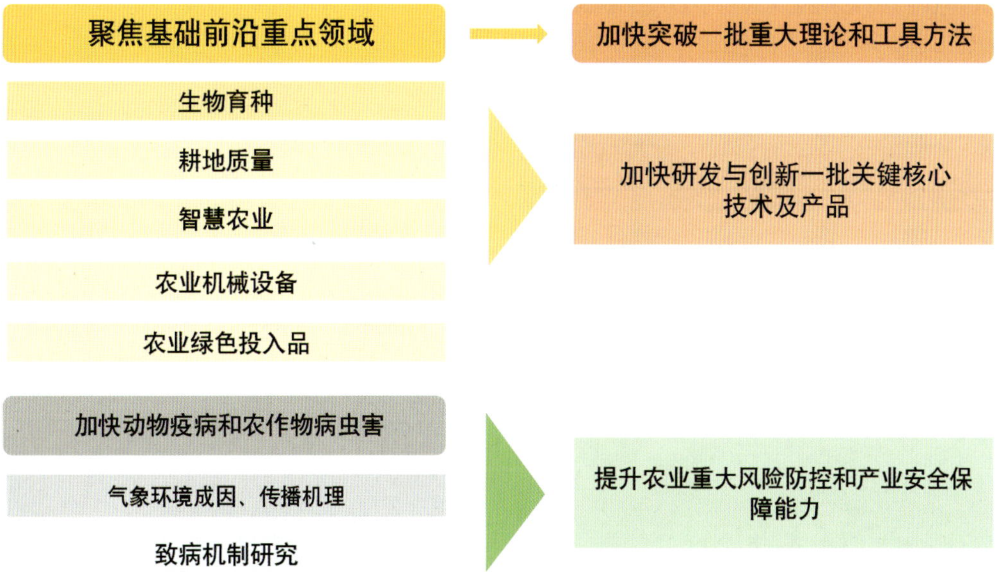

　　加强农业战略科技力量建设。加强国家现代农业产业技术体系建设。深化农业科技体制改革，推动重点领域项目、基地、人才、资金一体化配置。强化高水平农业科研院校建设，培育壮大一批农业领军企业，优化地方农业科研机构和创新团队建设。实施国家农业科研杰出人才培养计划。打造国家热带农业科学中心。

加强国家现代农业产业技术体系建设

深化农业科技体制改革

推动重点领域项目、基地、人才、资金一体化配置

强化高水平农业科研院校建设

培育壮大一批农业领军企业

优化地方农业科研机构和创新团队建设

实施国家农业科研杰出人才培养计划

打造国家热带农业科学中心

促进科技与产业深度融合。加强国家农业科技创新联盟建设，支持农业企业牵头建设农业科技创新联合体或新型研发机构，加快建设国家现代农业产业科技创新中心。开展乡村振兴科技支撑行动，加强农业科技社会化服务体系建设，完善农业科技推广服务云平台，推行科技特派员制度，强化公益性农技推广机构建设。

加强	支持
国家农业科技创新联盟建设	农业企业牵头建设农业科技创新联合体或新型研发机构

加快	开展
建设国家现代农业产业科技创新中心	乡村振兴科技支撑行动

加强	完善
农业科技社会化服务体系建设	农业科技推广服务云平台

强化	推行
推行科技持派员制度	公益性农技推广机构建设

◇ **知识链接** ··· **>>>**

科技特派员制度

科技特派员（简称"科特派"），是指经地方党委和政府按照一定程序选派，围绕解决"三农"问题和农民看病难问题，按照市场需求和农民实际需要，从事科技成果转化、优势特色产业开发、农业科技园区和产业化基地建设以及医疗卫生服务的专业技术人员。一般有省、市（地区）、县三种科技特派员。

科技特派员制度是1999年福建省南平市党委和政府为探索解决新时期"三农"问题，在科技干部交流制度上的一项创新与实践。国家科技部对南平市的做法给予了充分肯定，陆续在部分地区展开试点，目前全国大部分省市开展了科技特派员工作。

科技特派员制度

科技特派员日常工作制度

科技特派员管理制度

科技特派员考勤制度

科技特派员年度考核制度

科技特派员经费管理制度

科技特派员档案管理制度

科技特派员福利待遇制度

第二节 推进种业振兴

加强种质资源保护。全面完成农作物种质资源、畜禽遗传资源和水产养殖种质资源普查，摸清资源家底，抢救性收集珍稀、濒危、特有资源与特色地方品种。启动农业种质资源精准鉴定评价，推进优异种质资源的创制与应用，构建种质资源DNA分子指纹图谱库、特征库和农业种质资源数据库。加强国家农作物、林草、畜禽、海洋和淡水渔业、微生物种质资源库建设。

完成　第三次全国农作物种质资源、全国畜禽遗传资源普查和第一次全国水产养殖种质资源普查

摸清　资源家底，抢救性收集珍稀、濒危、特有资源与特色地方品种

启动　农业种质资源精准鉴定评价

推进　优异种质资源的创制与应用

构建　种质资源DNA分子指纹图谱库、特征库和农业种质资源数据库

加强　国家农作物、林草、畜禽、海洋和淡水渔业、微生物种质资源库建设

◇　**知识链接** ....

白羽肉鸡有了"中国芯片"

种业是农业生产的起点，也是保障国家粮食安全的基石，更是现代

农业发展的"生命线"。因此，种子被称为农业的"芯片"。

"从前，国外供应商从不跟我们签合同，价格由他们定，他们说多少我们就得承担多少，不是由我们中国人说了算。他们把我们的市场搞乱，把我们中国的养鸡户都变成神经病了。"会上，傅光明讲述他的缺"芯"之痛，也坚定地表明了要让白羽肉鸡有中国血统、中国基因的决心。

农业现代化，种子是基础，必须把民族种业搞上去，把种源安全提升到关系国家安全的战略高度，集中力量破难题、补短板、强优势、控风险，实现种业科技自立自强、种源自主可控。"我国肉鸡市场将拥有自主培育的白羽肉鸡品种。"2021年12月1日，农业农村部发布第498号公告，经国家畜禽遗传资源委员会审定通过，"圣泽901""广明2号""沃德188"三个快大型（饲料转化率高、体型大、生长速度快）白羽肉鸡品种，成为我国首批自主培育的快大型白羽肉鸡新品种。这意味着我国打破了白羽肉鸡种源完全依靠进口的局面，中国白羽肉鸡产业进入了一个新时代，在实施国家种业振兴战略，积极应对国外种源"卡脖子"挑战中，迈出了坚实一步。

◇　**案例链接**　·························　

禽业育种新高地

　　北京市平谷区峪口镇致力于国产家禽品种培育、良种繁育体系建设和产业化推广，已初步形成"鸡鸭猪牛"的畜禽种业格局，拥有完整的原种、祖代、父母代三级良种繁育体系，入选国家首批蛋鸡核心育种场和禽白血病净化示范场，建成4个国家级蛋鸡良种扩繁推广基地和90个标准化生产基地，是亚洲最大的蛋鸡良种繁育体系，成为全国畜禽品类最全、品种最丰富、自主知识产权种类最多的国家级畜禽种业产业基地，其产业布局立足北京、走向全国、辐射一带一路沿线。另外，峪口镇与中国农业大学联合共同研发了"国产蛋鸡育种专用基因芯片—凤芯壹号"，填补了国内蛋鸡育种芯片的空白，现已经应用到京系蛋鸡和沃德肉鸡品种的培育之中。目前京系蛋鸡的国内市场占有率已经达50%，改变了洋鸡一统中国蛋鸡市场的历史格局。

◇　**案例链接**　·························　

中国现代种羊育种体系的领跑者

　　天津市育种团队作为全国首批国家肉羊核心育种场，以肉羊育种及创新技术研发与应用为目标，将科学管理、提升研发创新能力、高效生产以及市场开拓科学地结合到一起。通过与相关科研院校的合作，育种团队在肉羊生产性能精准测定、遗传评估、基因组育种、育种与生产方案优化、繁育技术集成应用、成果示范推广方面都走在了产业前列，并发挥着非常重要的引领、示范和推广作用，形成了育繁推一体化的商业化育种模式，种质资源和产业化服务已经辐射京津冀地区，以及内蒙古、甘肃、新疆、山西、江苏、江西、安徽、宁夏等21个省份。肉羊物联网信息化管理实现了远程指导，互联互通。

开展育种创新攻关。围绕重点农作物和畜禽，启动实施农业种源关键核心技术攻关。加快实施农业生物育种重大科技项目，有序推进生物育种产业化应用。开展种业联合攻关，实施新一轮畜禽遗传改良计划和现代种业提升工程。

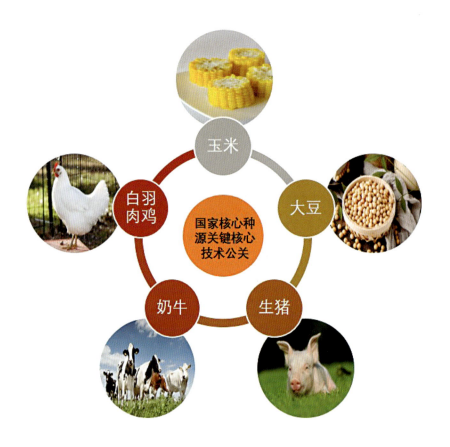

加快实施农业生物育种重大科技项目

· 有序推进生物育种产业化应用

开展种业联合攻关

· 实施新一轮畜禽遗传改良计划和现代种业提升工程

加强种业基地建设。推进国家级和省级育制种基地建设，加快建设南繁硅谷。在北方农牧交错区布局建设大型牧草良种繁育基地。加快建设种业基地高标准农田。继续实施制种大县奖励政策。建设一批国家级核心育种场，完善良种繁育和生物安全防护设施条件。推进国家级水产供种繁育基地建设。

种业基地建设

- 推进国家级和省级育制种基地建设 —— 加快建设南繁硅谷
- 在北方农牧交错区布局建设大型牧草良种繁育基地
- 加快建设种业基地高标准农田
- 继续实施制种大县奖励政策
- 建设一批国家级核心育种场 —— 完善良种繁育和生物安全防护设施条件
- 推进国家级水产供种繁育基地建设

强化种业市场监管。严格品种管理，提高主要农作物品种审定标准，建立品种"身份证"制度。强化育种领域知识产权保护，强化行政与司法协同保护机制，严厉打击假冒伪劣、套牌侵权等违法犯罪行为。健全种畜禽、水产苗种监管制度和技术标准，加强畜禽遗传物质监管。

严格品种管理
- 提高主要农作物品种审定标准，建立品种"身份证"制度

开展非主要农作物登记品种清理，建立品种身份证制度
- 加大解决品种同质化问题

强化育种领域知识产权保护
- 强化行政与司法协同保护机制，严厉打击假冒伪劣、套牌侵权等违法犯罪行为

健全种畜禽、水产苗种监管制度和技术标准
- 加强畜禽遗传物质监管

 知识链接

"南繁硅谷"

南繁是指将水稻、玉米、棉花等夏季作物的育种材料，在当地秋季收获后，冬季拿到我国南方亚热带或热带地区进行繁殖和选育的方法。这样一年可繁育二至三代，加速育种过程，缩短育种年限，且能鉴定育种材料的抗病性及对湿、光的反应等，提高竞争力。

海南国家南繁基地在中国农业发展中具有重要地位，是稀缺的、不可替代的国家战略资源。2018年，中央提出要加强国家南繁科研育种基地建设，打造国家热带农业科学中心，支持海南建设全球动植物种质资源引进中转基地。此后，打造"南繁硅谷"也成为海南自贸港建设的重要内容。短短两年多时间，"南繁"的重点区域——三亚崖州湾科技城已初见规模，先正达、德国科沃施、中国种子集团等一批企业和科研机构纷纷进驻。

第三节　提高农机装备研发应用能力

加强农机装备薄弱环节研发。加强大中型、智能化、复合型农业机械研发应用，打造农机装备一流企业和知名品牌。推进粮食作物和战略性经济作物育、耕、种、管、收、运、贮等薄弱环节先进农机装备研制。加快研发制造适合丘陵山区农业生产的高效专用农机。攻关突破制约整机综合性能提升的关键核心技术、关键材料和重要零部件。加强绿色智能畜牧水产养殖装备研发。

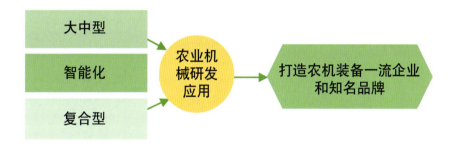

推进农业机械化全程全面发展。健全农作物全程机械化生产体系，加快推进品种、栽培、装备集成配套。加大对智能、高端、安全农机装备的支持力度，突出优机优补、奖优罚劣，支持探索研发制造应用一体化，提升我国农机装备水平和国际竞争力。推进机械装备与养殖工艺融合，提升畜牧水产养殖主要品种、重点环节、规模养殖场以及设施农业的机械化水平。推动绿色环保农机应用。加强机耕道、场库棚、烘干机塔等配套设施建设，发展"全程机械化+综合农事"等农机服务新模式。

1 健全农作物全程机械化生产体系

加快推进

品种　　栽培　　装备集成配套

加大对智能、高端、安全农机装备的支持力度，突出优机优补、奖优罚劣，支持探索研发制造应用一体化

2 推进机械装备与养殖工艺融合

机械装备

＋

养殖工艺

→ 畜牧水产养殖 →

主要品种

＋

重点环节

＋

规模养殖场

→ 设施农业机械化水平

3 推动绿色环保农机应用

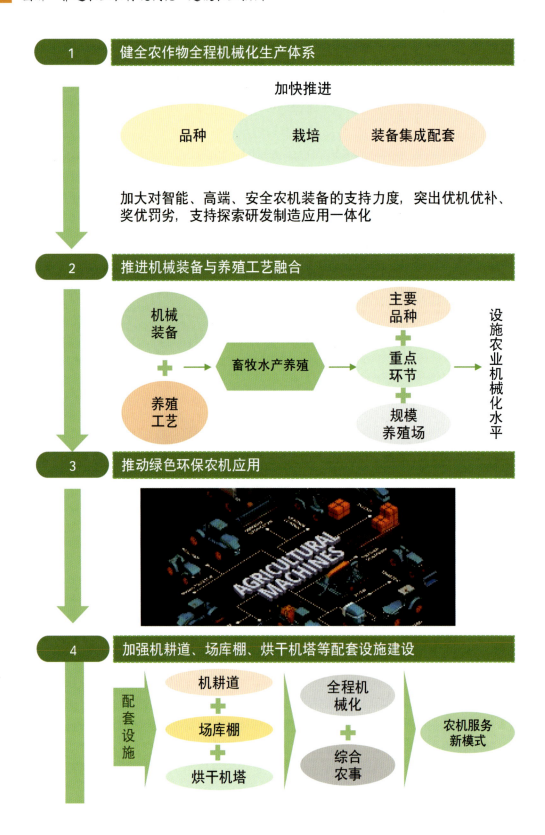

4 加强机耕道、场库棚、烘干机塔等配套设施建设

配套设施

机耕道

＋

场库棚

＋

烘干机塔

全程机械化

＋

综合农事

→ 农机服务新模式

知识链接 ···

"全程机械化＋综合农事"服务中心

"全程机械化＋综合农事"服务中心主要以村级集体经济组织、农机服务组织和农业企业等为建设主体，以推进主要农作物全程机械化为重点，以粮食稳产保供、提质增效和助农增收为核心，将农业生产资料、技术培训、市场信息通过合作组织进行聚集，为各类生产主体提供全过程、全要素的机械化服务，对实现小农户与现代农业发展有机衔接，促进农业农村现代化具有重要促进作用。2022年5月，江苏省连云港市农业农村局围绕"全程机械化＋综合农事"服务中心建设召开了研讨会，重点研究了连云港市"全程机械化＋综合农事"服务中心建设标准等相关事宜。

第四节　健全现代农业经营体系

培育壮大新型农业经营主体。实施家庭农场培育计划，把农业规模经营户培育成有活力的家庭农场。完善家庭农场名录制度。实施农民合作社规范提升行动，支持农民合作社联合社加快发展。完善新型农业经营主体金融保险、用地保障等政策。建立科研院所、农业高校等社会力量对接服务新型农业经营主体的长效机制。推动新型农业经营主体与小农户建立利益联结机制，推行保底分红、股份合作、利润返还等方式。

培育壮大新型农业经营主体			
农业产业化龙头企业	农民合作社	家庭农场	专业大户

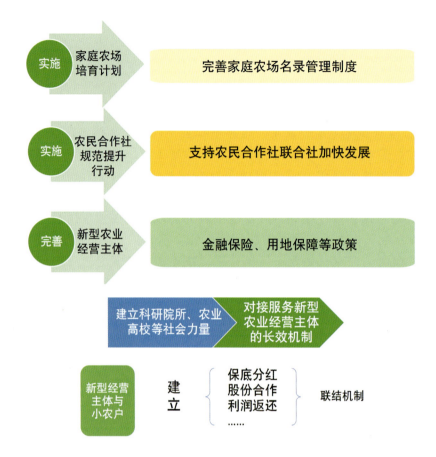

健全专业化社会化服务体系。发展壮大农业专业化社会化服务组织，培育服务联合体和服务联盟，将先进适用的品种、投入品、技术、装备导入小农户。开展农业社会化服务创新试点示范，鼓励市场主体建设区域性农业全产业链综合服务中心。加快发展农业生产托管服务。推进农业社会化服务标准体系建设，建立服务组织名录库，加强服务价格监测。

开展	鼓励
农业社会化服务创新试点示范	市场主体建设区域性农业全产业链综合服务中心

加快

· 发展农业生产托管服务

推进

· 农业社会化服务标准体系建设，建立服务组织名录库，加强服务价格监测

◇　**知识链接** ·······················

农业现代化与产业体系的关系

农业现代化并不单是技术装备的现代化，更重要的是体系的现代化，以现代产业体系对应新兴业态，以现代生产体系对应优质产品，以现代经营体系对应优势主体。

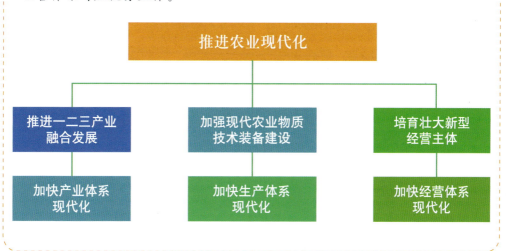

第一，以一二三产业融合发展为路径，加快产业体系现代化。重点推进"三链"，即做大做强农产品加工业，延长产业链，贯通产加销；做精做优乡村休闲旅游业，提升价值链，融合农文旅；做活做新农村电商，打造供应链，对接科工贸，构建高品质、多元化、可持续的现代乡村产业体系。

第二，以现代农业技术装备建设为路径，加快生产体系现代化。重点推进"四化"，即推进设施化，切实改善田间生产条件；推进机械化，研发推广实用高效农机；推进绿色化，大力发展生态循环农业；推进数字化，着力打造智慧农业。

第三，以培育壮大新型经营主体为路径，加快经营体系现代化。重点推进"五类"经营主体，即推动家庭农场高质量发展，提高规模经营效益；促进农民合作社规范提升，增强为农服务能力；大力培育专业化社会化服务组织，带动小农户和现代农业有机衔接；做大做强龙头企业，健全完善联农带农机制；培育龙头企业牵引、农民合作社家庭农场跟进、广大小农户和上中下游主体参与的农业产业化联合体。

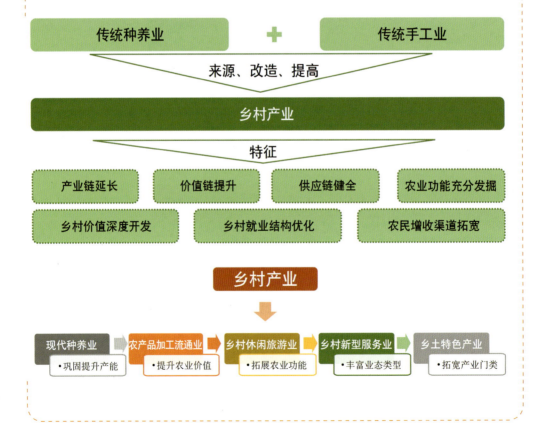

种养业

现代种养业

是乡村产业发展的基础,也是农业的根本任务所在

一方面
巩固提升农业产能

+

另一方面
创新产业组织方式

巩固提升粮食产能	守住国家粮食安全底线;加快建设高标准农田,集中力量攻克一批关键技术,真正做到藏粮于地、藏粮于技
加强生猪等畜禽产能建设	提升动物疫病防控能力,推进奶业振兴和渔业健康养殖,增加有效供给

加快发展粮经饲统筹、种养加一体、农林牧渔结合的现代种养业,推进农产品就地加工转化增值

流通业

农产品加工流通业

是乡村产业中潜力最大、效益较高的产业

农产品加工业		农产品流通业

按照"粮头食尾""农头工尾"的要求

- ✓ 粮食生产功能区
- ✓ 重要农产品生产保护区
- ✓ 特色农产品优势区

- ✓ 支持家庭农场和农民合作社发展初加工
- ✓ 支持县域发展农产品精深加工，建成一批专业村镇和加工强县

- ✓ 加强农产品物流骨干网络和冷链物流体系建设，打通农产品物流节点，实现全过程无缝对接

- ✓ 发展乡村信息产业，实施"互联网＋"农产品出村进城工程，推动贫困地区优质特色农产品上网销售，加快实现乡村数字化、网络化、智能化

乡村多种功能价值

乡村休闲旅游业

近些年，各地拓展农业功能、发掘乡村功能价值，培育了一批以休闲农业、乡村旅游等为主的新产业、新业态，带动了农民就地就近就业和持续增收。

培育休闲旅游精品，挖掘文化内涵，建设一批特色突出、主题鲜明、设施完备、功能多样的乡村休闲旅游旅居目的地

- 休闲观光园区
- 乡村民宿
- 农耕体验
- 稻田湿地
- 油菜花海
- 草原绿地
- 森林氧吧
- 河流海洋
- ......

突出特色化、差异化、多样化

乡村生产生活变化

乡村新型服务业

生产性服务业	✚	生活性服务业

围绕农业生产，提供全程服务

- ✓ 农资供应　　✓ 统防统治
- ✓ 土地托管　　✓ 烘干收储
- ✓ 代耕代种　　✓ ……

支持供销社、邮政公司、农业企业、农民合作社等开展服务，满足农民低成本、便利化、全方位、高效率的"一站式"社会化服务需求

适应村庄变化、城镇建设的需要

- ✓ 供销社、个人兴办的小门店、小集市

- ✓ 发展批发零售、养老托幼、环境卫生等生活性服务业

农民手工艺改造提升

乡土特色产业

做好"特"字文章，加快培育优势特色农业，打造高品质、有口碑的农业"金字招牌"

因地制宜发展多样化特色种养，加快发展特色食品、特色制造、特色建筑、特色手工业等乡土特色产业

发掘一批传统的铁匠、银匠、木匠、篾匠、剪纸工、陶艺师、酿酒师、面点师等农村能工巧匠，建设一批家庭工厂、手工作坊、乡村车间

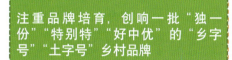

注重品牌培育，创响一批"独一份""特别特""好中优"的"乡字号""土字号"乡村品牌

◇ 知识链接 ·····························>>>

农业生产托管

农业生产托管是农户等经营主体在不流转土地经营权的条件下，将农业生产中的耕、种、防、收等全部或部分作业环节，委托给有能力的农业生产性服务组织完成的农业经营方式，是社会化服务直接服务农业和农户最现实最简洁的方式，是实现农户与现代农业发展有机衔接的重要经营模式，是实现服务规模经营的有效方式。

农产品——"三品一标"

农产品三品一标：大力发展绿色、有机和地理标志农产品，推行食用农产品达标合格证制度。

农业生产——新"三品一标"

新"三品一标"的"三品"指品种培优、品质提升、品牌打造，"一标"指标准化生产，相较于传统"三品一标"，侧重对生产经营主体、产地的认证及产品质量的严格把控，新"三品一标"更注重对具体生产过程进行布局、规划，以标准化为大框架，通过制定和实施标准，把农业产前、产中、产后的各个环节纳入标准生产和标准管理的轨道，重点关注优良种质的创新攻关，加强提升产品品质，同时强化品牌意识，树立产业链观念，从而实现优质优价，更好地促进产业提档升级、农民增收致富。

◇ **案例链接** ∙∙∙ >>>

四川省成都市郫都区广福村——韭黄产业

安德街道广福村位于郫都区安德街道东部，紧邻中国川菜产业园区，全村辖区面积2.57平方千米，其中耕地面积2825亩。广福村以产业振兴为主线，建立韭菜（黄）农业合作社，发展社员157户，让其共享种植技术、物资和销售渠道，促进韭菜规模化、标准化种植。该村引进企业润禾家园，延长产业链，精深加工韭菜（黄），开发韭菜酒、韭菜面等高附加值系列产品，推广"广福干撕韭黄"品牌。

利用"科研机构＋合作社＋农户"，做大韭黄种植业；利用"公司＋农户"做强韭黄加工业，搭建"线上＋线下营销平台"和"田间到餐桌完整链式配套服务体系"，实现广福干撕韭黄及其延伸产品的"产销无缝对接"，畅销北上广等一线市场；利用"村集体＋产业合伙人"，扩宽韭黄旅游业，通过招募产业合伙人，聚焦"韭菜"主题，进行空心院落整治。在这一模式下，广福村成功建成泥巴小院文创体验园、韭小二民宿等。广福村着力打造村集体经济发展平台，与集体经济组织合作建设韭香民宿等村办企业，带动集体经济和农户增收。

通过让"黑土地长出黄金子"，广福村成为远近闻名的产业强村。2021年村集体资产达到7000余万元，精深加工年产值达到1800万元，韭菜规模化、标准化种植达到1500余亩，韭菜（黄）产值突破4000万元，韭黄合作社发展社员157户，泥巴小院文创体验园带动100余当地村民就近就业，农村居民人均可支配收入达到33580元。"一畦春韭绿，十里稻花香"，广福村逐渐形成集现代农业、休闲旅游、田园社区为一体的田园综合体，实现了经济效益、社会效益以及生态效益三者兼顾的"三赢"局面。

专栏3 农业质量效益和竞争力提升工程

1.农业科技创新能力建设

围绕生物育种、生物安全、资源环境、智能农机、农产品深加工、绿色投入品创制等领域，新建一批农业重大科技设施装备、重点实验室和农业科学观测实验站。

2.基层农技推广体系建设

实施基层农技推广体系改革与建设项目，壮大科技特派员和特聘农技员队伍，建设200个国家现代农业科技示范展示基地、5000个区域农业科技示范基地，培育一批农业科技服务公司。

3.现代种业

建设国家农作物种质资源长期库、种质资源中期库圃，提升海南、甘肃、四川等国家级育制种基地水平，建设黑龙江大豆等区域性育制种基地。新建、改扩建国家畜禽和水产品种质资源库、保种场（区）、基因库，推进国家级畜禽核心育种场建设。改扩建2个分子育种创新服务平台。

4.农业机械化

稳定实施农机购置补贴政策，创建300个农作物生产全程机械化示范县，建设300个设施农业和规模养殖全程机械化示范县，推进农机深松整地和丘陵山区农田宜机化改造。加强农业机械抢种、抢收、抢烘服务能力建设。

5.新型农业经营主体培育提升行动

创建300个左右家庭农场示范县和1500个左右示范家庭农场。开展国家、省、市、县级农民合作社示范社四级联创，扩大农民合作社质量提升整县推进试点范围。

6.农业生产"三品一标"提升行动

培育一批有自主知识产权的核心种源和节水、节肥、节药新品种，建设800个绿色标准化农产品生产基地、500个畜禽养殖标准化示范场，打造300个以上国家级农产品区域公用品牌、500个以上企业品牌、1000个以上农产品品牌。

CHAPTER FOUR

◎ 第四章　**构建现代乡村产业体系**
　　　　提升产业链供应链现代化水平

坚持立农为农，把带动农民就业增收作为乡村产业发展的基本导向，加快农村一二三产业融合发展，把产业链主体留在县域，把就业机会和产业链增值收益留给农民。

◇ **知识链接** ....

聚焦"四个重点"

一是完善扶持政策。 落实好国家已经出台的农产品加工业政策，进一步完善"地、钱、人"等政策。在"地"上，研究保障农产品加工业等一二三产业融合发展用地政策。在"钱"上，推动县域金融机构将吸收的存款、小微企业融资优惠政策重点适用于农产品加工业；开发信用乡村、信用园区建设，建立诚信台账和信息库。在"人"上，支持龙头企业"引人""育人""留人"政策。

二是壮大企业队伍。引导龙头企业采取多种方式，建立大型农业企业集团，打造知名企业品牌，形成国家、省、市、县级龙头企业梯队，打造乡村产业发展"新雁阵"。扶持一批龙头企业牵头、家庭农场和农民合作社跟进、广大小农户参与的农业产业化联合体。

三是加快科技创新。以农产品加工关键环节和瓶颈制约为重点，组织科研院所、大专院校与企业联合开展技术攻关，研发一批先进加工技术。扶持一批农产品加工装备研发机构和生产创制企业，开展信息化、智能化、工程化加工装备研发，集成组装一批科技含量高、适用性广的加工工艺及配套装备，提升农产品加工层次水平。

四是搭建平台载体。集聚资源、集中力量，建设一批产加销贯通、贸工农一体、一二三产业融合发展的农产品加工园区、国际农产品加工产业园，形成乡村特色产业微型经济圈、农业产业强镇小型经济圈、现代农业产业园中型经济圈、优势特色产业集群大型经济圈，构建"圈"状发展格局。

◇ **案例链接** ....

三链同构、农食融合

近年来，作为粮食主产区的河南省漯河市，为贯彻落实习近平总书记"三链同构"的重要指示，延伸产业链、提升价值链、打造供应链，建设农业食品产业生态圈，促进乡村产业高质量发展。2020年，全市食品产业营业收入2000亿元，呈现"45678"态势（农产品加工业与农业产值比值4.5∶1，规模以上工业增加值的53.4%、营收的66.8%、税收的79.4%、利润的81.9%均来自食品产业），带动农户25万个，户均增收3000余元，有力促进了农业高质高效、乡村宜居宜业、农民富裕富足，形成了"三链同构、农食融合"的漯河模式。

延伸产业链	提升价值链	打造供应链

"三链同构、农食融合"

一、围绕解决产业链短的问题，培育产业群体，促进全产业链延伸

漯河市紧紧抓住"粮头食尾""农头工尾"，让粮食做前端、餐桌做尾端，农业做前端、工业做尾端，培育农业产业化联合体，促进一产往后延、二产两头连、三产走高端，打造链条完备、紧密衔接、纵横配套的农业全产业链。

"粮头食尾""农头工尾"

前端　粮食　▶　餐桌　尾端
　　　农业　　　工业

二、围绕解决价值链低的问题，打造平台载体，促进全价值链提升

漯河以着力促进农业高质高效为重点，及时适应消费升级需求，坚定不移走好质量兴农、绿色兴农、品牌强农之路，重点打造四个平台，推动农业向价值链中高端迈进，向"微笑曲线"两端研发和营销延伸。

三、围绕解决供应链不通的问题，打通产业节点，促进全供应链贯通

漯河围绕"食品＋"的理念，打通食品产业与装备制造、造纸、医药、盐化工、物流、动物饲料六大产业，着力打造农户参与、企业主导、科技支撑、金融助力的绿色农业食品产业生态。

"漯河模式"秉持农业全产业链全价值链思维，紧扣"乡村产业链基础高级化、产业链供应链现代化"目标，围绕加工延链、科技补链、园区壮链、新业态优链等关键环节，突出国际性、集群性、高端性、生态性等特征，推进"三链同构、农食融合"，提高了农业质量效益和竞争力，走出了一条质量高、效益好、结构优的乡村产业高质量发展之路，为开启粮食主产区农业农村现代化新征程，产生了巨大的示范引领和强力驱动效应。

第一节 优化乡村产业布局

健全乡村产业体系。以农业农村资源为依托，以农民为主体，培育壮大现代种养业、乡村特色产业、农产品加工流通业、乡村休闲旅游业、乡村新型服务业、乡村信息产业等，形成特色鲜明、类型丰富、协同发展的乡村产业体系。以拓展二三产业为重点，纵向延伸产业链条，横向拓展产业功能，多向提升乡村价值。

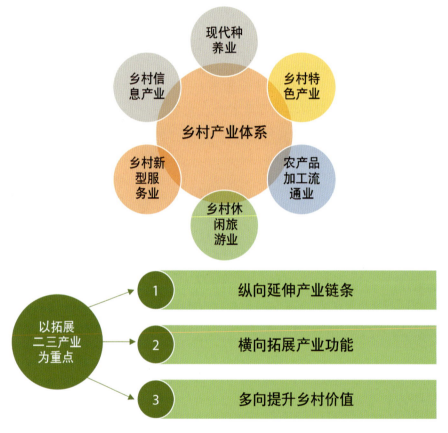

推进县镇村联动发展。强化县域统筹，推动形成县城、中心镇（乡）、中心村功能衔接的乡村产业结构布局。推进县域、镇域产业集聚，支持农产品加工业向县域布局，引导农产品加工流通企业在有条件镇（乡）所在地建设加工园区和物流节点。促进镇村联动发展，实现加工在乡镇、基地在村、增收在户。

◇ **知识链接** ·············· >>>

　　乡村产业来源于并改造提高于传统种养业和手工业，具有产业链延长、价值链提升、供应链健全，农业功能充分发掘，乡村价值深度开发，带动乡村就业结构优化、农民增收渠道拓宽等特征。

　　乡村产业是姓农、立农、为农、兴农的产业。乡村产业立足于种养业，但又不局限于种养业，是对种养业和手工业的改造提升。乡村产业有别于过去的乡镇产业，联农带农特征更加明显，通过健全利益联结机制，带动农民就业增收。乡村产业有别于城市产业，以农业资源为依托，发掘农业多种功能，开发乡村多重价值，如此使业态类型丰富，乡村气息浓厚。

◇ **案例链接** ············· >>>

小米粉成就地方特色大产业

近年来，柳州市大力发展特色产业，结合传统产业优势，推动柳州螺蛳粉产业高质量发展，把住质量安全关，推进标准化、品牌化，坚持用工业化的理念谋划柳州螺蛳粉产业发展。2021年4月26日，习近平总书记在广西柳州市考察柳州螺蛳粉产业时强调，推动"小米粉"发展成为地方特色经济"大产业"，促进一二三产业深度融合，助力乡村振兴产业大发展。

　　柳州市螺蛳粉产业在2020年实现了"三个100亿"，即袋装柳州螺蛳粉销售收入110亿元、实体门店销售收入118亿元、配套及衍生产业销售收入130亿元。其中，袋装螺蛳粉销售收入从2015年的5亿元发展到2020年的110亿元，全国实体门店数量从2015年的5000多家发展到2020年的1.8万多家，注册登记企业从2014年年底的4家发展到119家。柳州螺蛳粉已然成为一张亮眼的城市名片和金字招牌，更是闻名全国的网红美食。并且中央电视台还赴柳州市取材拍摄柳州螺蛳粉供给侧改革专题纪录片，柳州螺蛳粉的成功经验还吸引了许多发达省份（重庆、浙江、广东、贵州等）的小吃同行慕名来柳州"取经"，示范带动效应明显。

　　通过企业带动、订单合作和服务联结的方式，以工带农，实现了小农户与产业发展的有机衔接，拓宽了农民的增收路子。螺蛳粉产业助力了5500多贫困户、2.8万贫困人口实现脱贫，人均收入达9000元以上，提供了30多万个就业岗位。下一步，柳州市将进一步做优产品质量，做大产业规模，做实全产业链，做强特色品牌，力争到2025年年底，柳州螺蛳粉全产业链实现销售收入1000亿元，为持续推动乡村振兴和农业农村现代化发展打造新典范。

◇ **案例链接** ··· >>>

山西省大同市云州区西坪镇——黄花菜产业

　　西坪镇隶属于大同市云州区，境内火山环抱、黄花飘香、生态宜居，三季有花、四季有景，是著名的山水田园城、健康康养地，有"国家火山公园、生态休闲胜地"的美誉。目前，全镇黄花菜种植面积达3.12万亩，产量达3万吨，产值2.7亿元，全产业链产值达8.37亿元，已具备庞大的发展规模和优势，产业基础良好。另外，西坪镇黄花菜已通过了国家地理标志证明商标、获地理标志产品保护认证，现有绿色认证和有机认证各1万亩。2003年，中国绿色食品发展中心将大同黄花菜认定为"绿色食品A级产品"，远销亚欧十多个国家和国内30多个大中城市。在2022年北京冬奥会张家口赛区"崇礼菜单"的研发中，大同黄花菜入选冬奥美食菜单，"中国黄花菜之乡"的品牌叫响全国、走向世界。

　　西坪镇大力发展黄花菜特色种植，创新"农户＋合作社＋龙头企业＋市场""企业＋合作社＋基地＋农户＋新零售"和"公司＋基地＋农户"利益联结模式，将企业和农户形成利益共同体，共享产业发展成果。严格规范黄花菜质量标准，遵守并制定《大同黄花菜－大同干黄花》《大同黄花菜－大同冻干黄花》《大同黄花干制品质量分级标准》等地方质量标准，推动黄花菜产业规范化发展。

第二节　推进产业园区化融合化发展

　　建设现代农业产业园区和农业现代化示范区。支持有条件的县（市、区）建设现代农业产业园，推动科技研发、加工物流、营销服务等市场主体向园区集中，资本、科技、人才等要素向园区集聚。加快乡村特色产业示范村镇、农业产业强镇和优势特色产业集群建设。以县（市、区）为单位创建一批农业现代化示范区，围绕提高农业产业体系、生产体系、经营体系现代化水平，建立指标体系，加强资源整合和政策集成，示范引领农业现代化发展，探索建立农业现代化发展模式、政策体系、工作机制，形成梯次推进农业现代化的格局。

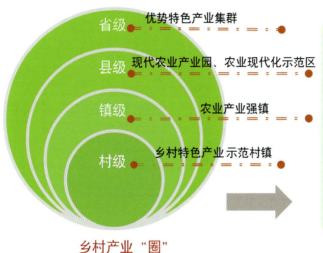

乡村产业"圈"

形成乡村特色产业微型经济圈、农业产业强镇小型经济圈、现代农业产业园中型经济圈、优势特色产业集群大型经济圈，构建乡村产业"圈"状发展格局。

◇　**政策链接** ··································

　　根据党中央、国务院部署，农业农村部将通过统筹布局建设省、县、镇、村四级产业发展经济圈，推动乡村特色产业高质量发展。

　　省级乡村产业发展经济圈是围绕省级主导产业，依托多个县市建设年产值超100亿元、甚至达千亿元的优势特色产业集群，推动产业形态由"小特产"升级为"大产业"，空间布局由"平面分布"转型为"集群发展"，主体关系由"同质竞争"转变为"合作共赢"，使之成为实施乡村振兴的新支撑、农业转型发展的新亮点和产业融合发展的新载体。县级乡村产业发展经济圈是围绕县域主导产业，建设一批产业特色鲜明、要素高度聚集、设施装备先进、生产方式绿色、经济效益显著、辐射带动有力的国家现代农业产业园,加快补齐农业现代化短板,构建我国"三农"发展动力结构、产业结构、要素结构,形成农民收入增长新机制,推动农业农村经济向形态更高级、分工更优化、结构更合理的阶段演进。镇级乡村产业发展经济圈是围绕镇域主导产业,建设乡土经济活跃、乡村产业特色明显的农业产业强镇,让农业产业强镇成为资源要素的聚集区、县域经济的样板田,推动一批农业大县向农业强县迈进,促进乡村全面振兴。村级乡村产业发展经济圈是围绕村域主导产业,建设优势特色鲜明、质量效益显著、联农带农紧密的乡村特色产业,促进产村、产镇融合发展。

省级乡村产业发展经济圈

- 围绕省级主导产业,依托多个县市建设年产值超100亿元、甚至达千亿元的区域性优势特色产业集群大型经济圈,推动产业形态由"小特产"升级为"大产业"
- 空间布局由"平面分布"转型为"集群发展",主体关系由"同质竞争"转变为"合作共赢",使之成为实施乡村振兴的新支撑、农业转型发展的新亮点和产业融合发展的新载体

县级乡村产业发展经济圈

- 围绕县域主导产业,建设一批产业特色鲜明、要素高度聚集、设施装备先进、生产方式绿色、经济效益显著、辐射带动有力的国家农产品加工园区中型经济圈
- 加快补齐农业现代化短板,构建我国"三农"发展动力结构、产业结构、要素结构,形成农民收入增长新机制,推动农业农村经济向形态更高级、分工更优化、结构更合理的阶段演进

镇级乡村产业发展经济圈

- 围绕镇域主导产业,建设乡土经济活跃、乡村产业特色明显的农业产业强镇,让农业产业强镇成为资源要素的聚集区、县域经济的样板田,推动一批农业大县向农业强县迈进,促进乡村全面振兴
- 建设农业产业强镇小型经济圈,聚焦主导产业,培育产值超10亿元的农业产业强镇

村级乡村产业发展经济圈

- 围绕村域主导产业,建设优势特色鲜明、质量效益显著、联农带农紧密的乡村特色产业,促进产村、产镇融合发展
- 建设乡村特色产业示范村镇微型经济圈,培育一批产值超1亿元的特色产业专业村

推动乡村特色产业高质量发展

◇ **案例链接** ·· >>>

乡村特色产业示范村镇——河南省渑池县南村乡

　　南村乡发展以花椒为主导产业，全乡耕地面积22875亩，花椒种植面积27000亩，花椒产业覆盖全乡10个行政村，产值9100万元。全乡从事花椒种植人数达3100人，占全乡总人口的54%，其中贫困人口从事花椒种植业的有2000余人，实现就业全覆盖。全乡农民人均收入达到19375元，高出全县人均收入17605.5元11个百分点。

　　南村乡成立花椒种植专业合作社5个，家庭农场3个，种植大户23户。合作社紧紧围绕"科技兴农，产业致富，生态文明"的发展目标，采取"合作社＋基地＋农户"的生产经营模式，由合作社建立标准化种植示范基地，组建技术服务队伍，建立优质种苗基地和农资配送中心，并开展以下多元化经营。一是为农户提供产业技术培训、优质花椒种苗和农资供给；二是农户利用土地入股加入合作社开展联合经营，由合作社统一管理、统一物资采购、统一品牌包装、统一销售；三是与合作社签订合作服务协议，提供标准化管理服务。由于合作社经营方式灵活，经营范围广泛，技术力量雄厚，在短短的几年时间里迅速发展壮大，建立了购销网络，开通了电子商务，产品远销重庆、四川、山东、上海等地。

◆ **案例链接** ·································· >>>

农业产业强镇——天津市蓟州区下营镇

　　下营镇隶属天津市蓟州区，南距天津市区115千米，西距北京市区88千米、首都国际机场68千米，东距唐山90千米，北距承德220千米，位于京津唐承四市之腹心，不仅是连接黄崖关长城内外的交通要道，更是历代兵家的必争之地。蓟州区下营镇位于北纬39°5′～40°15′，东经117°05′～117°47′，镇域总面积143.6平方千米，辖区内有35个行政村，6581户，总人口21033人。

　　下营镇山楂种植面积约1656亩，镇域内有30个村种植山楂。山楂产业作为下营镇的主导产业，具有产业关联度高、产业集中度大、要素聚集度强等特征。目前，山楂年产量达3300吨，山楂全产业链农业产值达2.5亿元，主导产业农业产值为0.7亿元，主导产业加工业产值为1.49亿元，主导产业加工业产值与农业产值比为2.13∶1。

　　镇域大力发展山楂特色种植，按照"基在农业、利在农民、惠在农村"的基本要求，通过"农户＋合作社＋企业＋市场""公司＋基地＋农户"的订单农业、土地流转等利益联结模式，与农户及各类专业合作社逐步形成相对稳定的农产品的产、供、加、销关系，与农户形成利益共享、风险共担的利益共同体。

◇ **案例链接** ·················· >>>

现代农业产业园——河南省灵宝市现代农业产业园

　　园区坚持全产业链谋划，从种好优质苹果，保存好、加工好灵宝苹果，发展"苹果+"产业，讲好苹果故事，卖好灵宝苹果五个方面入手，对苹果产业从种子、种苗、种植、机械、化肥、农药、金融、担保、冷藏、加工、配送、餐桌等全产业链进行谋划，实现延伸产业链、提升价值链、打造供应链"三链同构"。

　　园区坚持工业化理念推进，构建"龙头企业+基地（合作社）+农户"联结机制，培育了高山公司、碧波公司等农业龙头企业；引进了淘宝、京东、拼多多等销售平台，建成4.0苹果分拣线，果品贮藏库达15万吨，吸引汇源、海升等果品加工企业，建成果胶、果汁、果醋生产线，年深加工能力达到30万吨以上，园内龙头企业35家、农业合作社211家、家庭农场306家、农机合作社27家，适度规模经营率达69%。

　　园区坚持三产融合发展，投资4.2亿元，建设了苹果小镇，成功创建省中小学学生研学实践基地，年吸引10万余名学生来此开展研学，连年举办苹果花节、农民丰收节、苹果采摘季、灵宝苹果节等活动，吸引全省各地旅游专列来灵宝赏花、采摘苹果、休闲度假。

◇ **案例链接** ·································· >>>

优势特色产业集群——吉林省长白山人参优势特色产业集群

　　当前，人参种植产值占吉林省蔬菜园艺、水果等特色种植总产值的比重已达25.9%，是全省除蔬菜以外特色种植领域的第一大产业，已成为全省农业领域的重要支柱产业。长期以来，在促进全省经济发展，特别是医药产业发展中发挥了不可替代的作用。实施人参优势特色产业集群建设，进一步做大做强人参产业，对于深入实施乡村振兴战略，加快推进农业农村现代化建设，促进吉林全面振兴、全方位振兴，具有重大而深远的意义。

　　长白山腹地为吉林省人参种植核心区，吉林、白山、通化、延边4个地市作为人参重点发展区域，主要是利用适宜野山参生长的森林环境发展林下参，利用采伐迹地发展优质人参，利用荒山荒坡、宜参农田发展非林地人参。洋参留存面积为4.3万亩，林下参留存面积9.3万公顷。

　　提升农村产业融合发展水平。依托乡村特色优势资源，打造农业全产业链。鼓励发展由农业产业化龙头企业牵头、家庭农场和农民合作社跟进、广大小农户参与的农业产业化联合体。鼓励农业产业化龙头企业建立大型农业企业集团，开展农产品精深加工，在主产区和大中城市郊区布局中央厨房、主食加工、休闲食品、方便食品、净菜加工等业态，满足消费者多样化个性化需求。加快建设产地贮藏、预冷保鲜、分级包装、冷链物流、城市配送等设施，构建仓储保鲜冷链物流网络。稳步推进反映全产业链价值的农业及相关产业统计核算。

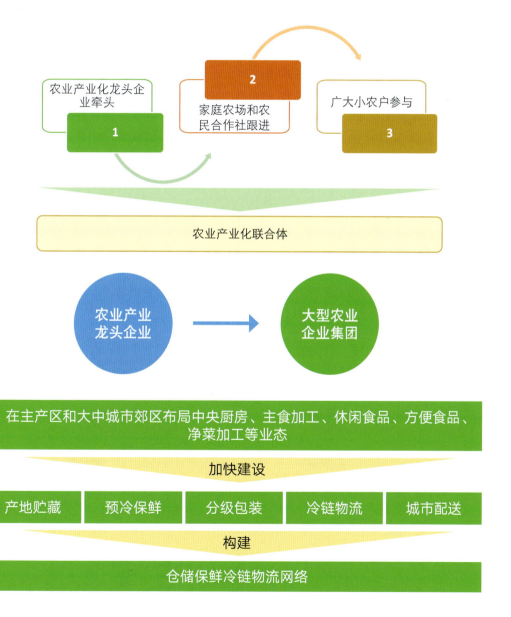

知识链接

农业产业化联合体的概念以及与农业的关联

1.农业产业化联合体的概念

农业产业化联合体是由农业产业化龙头企业牵头，农民合作社、家庭农场、小农户跟进，科研、生产、加工、服务、金融等主体共同参与，以分工协作为前提，以利益联结为纽带的农业全产业链经营联盟，是促进小农户与现代农业有机衔接的重要载体。

2.农业产业化联合体基本特征

（1）独立经营，联合发展

农业产业化联合体不是独立法人，一般由一个牵头的龙头企业和多个新型农业经营主体组成。各成员保持产权关系不变，开展独立经营，在平等、自愿、互惠互利的基础上，通过签订合同、协议或制定章程，形成紧密型农业经营组织联盟，实行一体化发展。

（2）龙头带动，合理分工

以龙头企业为引领、农民合作社为纽带、家庭农场为基础，各成员具有明确的功能定位，从而可实现优势互补、共同发展。

（3）要素融通，稳定合作

立足主导产业、追求共同经营目标，各成员通过资金、技术、品牌、信息等要素融合渗透，形成比较稳定的长期合作关系，既降低交易成本，又能提高资源配置效率。

（4）产业增值，农民受益

各成员之间以及与普通农户之间建立稳定的利益联结机制，促进土地流转型、服务带动型等多种形式的规模经营协调发展，提高产品质量和附加值，实现全产业链增值增效，让农民有更多的获得感。

1 独立经营 联合发展	**2** 龙头带动 合理分工	**3** 要素融通 稳定合作	**4** 产业增值 农民受益

◇ **知识链接** ·· >>>>

家庭农场

家庭农场以家庭成员为主要劳动力，以家庭为基本经营单元，从事农业规模化、标准化、集约化生产经营，是现代农业的主要经营方式。农场主自主决定生产经营，生产投入的积极性得到提高，通过学习、引入科学技术，提升经营理念，获取更高效益。

周末农场

以周末农场的家庭农场为例，其规模大多在20～200亩，其生产的农产品有以其名字命名的生产者自有品牌，并且建立了完整的食品安全追溯体系，从而更有保障。

21世纪初，上海松江、湖北武汉、吉林柳河、吉林延边、浙江宁波、安徽郎溪等地积极培育家庭农场，在促进现代农业发展方面发挥了积极作用。据统计，农业农村部确定的33个农村土地流转规范化管理和服务试点地区，已有家庭农场6670多个。

聚　集

| 原料商 | 加工商 | 采购商 | 成果商 |

| 投资商 | 服务商 | 电商 |

| 聚焦主导产业 | ✦ | 聚集资源要素 |

| 聚拢经营主体 | ✦ | 聚合服务功能 |

◇ **案例链接** ∙∙∙∙∙∙∙∙∙∙∙∙∙∙∙∙∙∙∙∙∙∙∙∙∙∙∙∙∙∙ >>>

甘肃定西马铃薯

香泉镇的5000亩马铃薯原种扩繁基地，地块平整、条田宽广。该基地入驻甘肃省农科院和爱兰、凯凯、百泉等种薯企业及丰源农机专业合作社，流转土地规模化经营，打破了村社界线、田间地埂，统一栽种马铃薯原种，推广"脱毒良种＋黑膜覆盖＋配方施肥＋病虫防控＋农机耕作"高产高效标准化技术。基地区域布局集约化、示范品种良种化、种植管理机械化、种植生产标准化、产业模式订单化，确保了全区80多万亩马铃薯种植脱毒种薯的全覆盖。

鲁家沟镇小岔口村的千亩马铃薯示范区，由甘肃省农业农村厅联合甘肃农业大学、兰州交大、甘肃省农科院集成示范的新品种、新技术、新农机。

这里是马铃薯栽培新技术的展台，通过开展了20多项试验研究，组装集成一批在全省可复制的绿色高效标准化栽培技术。小岔口村采用黑色地膜垄上微沟栽培技术，增产效果显著。黑膜的薯块大、杂草少、不透亮，马铃薯还不易变青。垄上微沟，即便有3毫米的降水量，也能通过微沟流入渗水孔，渗入作物根部，把老天爷有限的降水用到极致。

这里是马铃薯全程机械化新装备展示的舞台。田野里，一台台马铃薯收获机、挖掘机、联合收获机在作业，展示了收获马铃薯时的切秧、采掘、去杂、清选等优异功能。推广的机械深耕、机械种植、机械植保、机械收获、机械回收残膜等全程机械化技术，降低了人力劳动强度，提高了生产效率。

示范区2020年已接待国家部委、联合国粮农计划署甘肃富锌马铃薯项目、全省种子农技系统、青海省高素质农民培训班、天水武山县高素质农民培训及种植大户、合作社等现场观摩学习1200多人，为加快全省马铃薯产业转型升级提供了技术支撑。

　　马铃薯精深加工，是马铃薯全产链中的重要环节。巉口镇聚集了马铃薯加工企业集群。建成两条每小时生产35吨马铃薯淀粉的生产线、年产2万吨马铃薯蛋白提取的生产线，淀粉产量在西北位列第一，成为康师傅、双汇、徐福记、好丽友、洽洽等国内138家食品加工行业领军企业的长期供应商。

　　公司创立的"龙头企业+联合社+合作社+农户+银行+电商"的蓝天模式，带动了307个合作社发展和10万农户增收致富，农户年均收益有3万多元。

　　民以食为天，马铃薯是我国第四大粮食作物。安定区通过马铃薯主食化、工业化、鲜食化发展，以马铃薯为基础开发的全粉馒头、汤圆、薯条、饼干、面条、挂面、无矾粉皮等，极大地丰富了百姓的餐桌，促进了营养健康消费。全区培育发展蓝天、薯香园、鼎盛、恒源等加工企业10家，总加工能力达到62万吨，年加工消化鲜薯50万吨左右。2019年外销鲜薯40多万吨，主食化产品8.2万吨，实现销售收入20亿元。

　　马铃薯见证了安定摆脱贫困、解决温饱、奔向小康的历史进程。2019年，安定区种植马铃薯80万亩，总产量达146万吨，产值达30亿元，农民从事马铃薯产业的人均收入2300元以上，占到了人均纯收入的1/3。

第三节　发展乡村新产业新业态

优化乡村休闲旅游业。依托田园风光、绿水青山、村落建筑、乡土文化、民俗风情等资源优势，建设一批休闲农业重点县、休闲农业精品园区和乡村旅游重点村镇。推动农业与旅游、教育、康养等产业融合，发展田园养生、研学科普、农耕体验、休闲垂钓、民宿康养等休闲农业新业态。

发展乡村新型服务业。积极发展生产性服务业，引导仓储物流、设施租赁、市场营销、信息咨询等领域市场主体将服务网点延伸到乡村。拓展生活性服务业，改造提升餐饮住宿、商超零售、电器维修、再生资源回收和养老护幼、卫生保洁、文化演出等乡村生活服务业。

乡村新型服务业

1 乡村生产性服务业 —— 仓储物流、生资供应、设施租赁、市场营销等服务领域

2 乡村生活性服务业 —— 餐饮住宿、商超零售、电器维修、再生咨源回收和养老护幼、卫生保洁、文化演出等

仓储物流

产品订制

文化演出

再生资源回收

加快农村电子商务发展。扩大电子商务进农村覆盖面，加快培育农村电子商务主体，引导电商、物流、商贸、金融、供销、邮政、快递等市场主体到乡村布局。深入推进"互联网＋"农产品出村进城工程。优化农村电子商务公共服务中心功能，规范引导网络直播带货发展。实施"数商兴农"，推动农村电商基础设施数字化改造、智能化升级，打造农产品网络品牌。

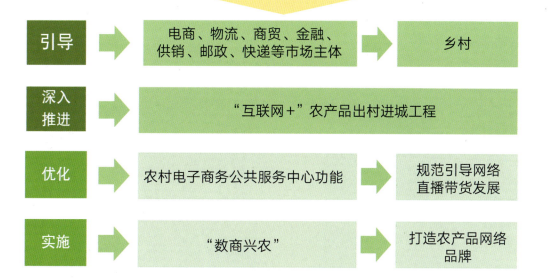

扩大电子商务进农村覆盖面，加快培育农村电子商务主体

| 引导 | → | 电商、物流、商贸、金融、供销、邮政、快递等市场主体 | → | 乡村 |

| 深入推进 | → | "互联网＋"农产品出村进城工程 |

| 优化 | → | 农村电子商务公共服务中心功能 | → | 规范引导网络直播带货发展 |

| 实施 | → | "数商兴农" | → | 打造农产品网络品牌 |

◇ **政策链接**

农业农村部关于
拓展农业多种功能　促进乡村产业高质量发展的指导意见

产业振兴是乡村振兴的重中之重。近年来，我国乡村产业有了长足发展，强化了农业食品保障功能，拓展了生态涵养、休闲体验、文化传承功能，凸显了乡村的经济、生态、社会和文化价值，但仍然存在产业链条短、融合层次低和技术水平不高等问题。为顺应全面推进乡村振兴新要求，拓展农业多种功能，促进乡村产业高质量发展，现提出相关指导意见。

到2025年，农业多种功能充分发掘，乡村多元价值多向彰显，粮食等重要农产品供给有效保障，农业质量效益和竞争力明显提高，优质绿色农产品、优美生态环境、优秀传统文化产品供给能力显著增强，形成以农产品加工业为"干"贯通产加销、以乡村休闲旅游业为"径"融合农文旅、以新农村电商为"网"对接科工贸的现代乡村产业体系，实现产业增值收益更多更好地惠及农村农民，共同富裕取得实质性进展。

做大做强农产品加工业 ⃝ 做精做优乡村休闲旅游业 ⃝ 做活做新农村电商

◇ **案例链接** ·· >>>

农村电子商务——辽宁省朝阳市木头城子镇十家子村

　　十家子村搭上互联网快车，探索"线上开网店＋线下实体店"的创新模式。先后在辽宁朝阳、上海等地开设了线下实体体验店，与淘宝等大型平台企业对接，搭建农产品网上销售渠道，形成了"线下体验、网上下单、云仓发货"的电商平台运营机制，打通了农产品进城入市的销售渠道，建立了农产品从生产源头到终端销售的全新产业链模式，为乡村产业发展插上了互联网的翅膀。打造乡土特色金招牌，十家子村以"土地流转＋入股"的方式，流转土地近万亩。同时，建立清洗、包装、分等分级标准，规范农产品初加工，与沈阳农大等大专院校和科研院所合作，开发母婴食品等，拓展农产品深加工，培育创立了"村姑进城""蛮妞""晶脂"等知名品牌。十家子村探索，"党支部＋合作社＋基地＋电商＋贫困户"的"5＋"模式，带动27户贫困户脱贫，500余户农民致富。

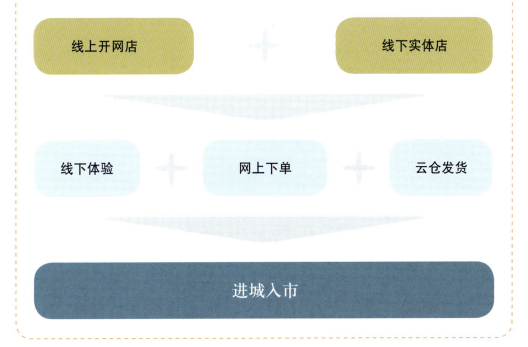

◇ **案例链接** ··················

江西省凤凰沟现代农业示范园

　　江西省凤凰沟现代农业示范园位于江西省南昌市南昌县，总面积1.2万亩，其打造集生态模式、科技集成示范、品种展示、人才培训、农业体验、休闲观光为一体的乡村旅游点，是国家4A级旅游景区、首批国家级田园综合体试点单位、国家农业科技示范展示基地、实用人才带头人和大学生村官示范培训基地、全国中小学生研学实践教育基地、江西省5A级乡村旅游示范点。

　　1. 以花为"媒"，带动旅游观光产业发展。园区秉承"生态、文化、休闲、科普"的理念，打造了以樱花、玉兰等为代表的"春歌"；以紫薇、玫瑰等为代表的"夏曲"；以菊花、桂花等为代表的"秋韵"；以梅花、山茶花为代表的"冬语"。打造了樱花林、樱田、樱花隧道，园区每年至少举办三场以花为主题的大型节庆活动，以节庆活动促进文化传承，以节庆活动引领旅游发展。

2.以学为"先"，开拓校外教育市场。园区内植物资源丰富，有苗木品种300余个，此外还有800余种花卉及中草药类野生植物。园区充分利用现有资源，不断开发校外教育课程和拓展活动，成为学校进行校外教育的研学实践基地。

3.以养为"主"，打造生态康养基地。园区良好的自然资源、水资源和空气资源为生态康养提供了有利条件；各类专业技术人员200人，强大的科研团队为产品开发提供了有力保障，其中凤凰丝情桑蚕丝被、桑叶桃酥等荣获南昌礼物称号。

4.以农为"根"，建设生态宜居幸福生活。园区发展"农旅结合，以农促旅，以旅强农"模式。按照"公司＋承包责任制"的模式进行管理经营，对百果园、草莓园等经济作物种植园区按照"公司技术扶持＋基地＋农户生产经营＋协会旅游代销"的模式操作。通过三产融合，实现了"三生同步"，真正实现了具有文化特色、宜居宜业宜游，可持续、可复制、可推广的江西最美农业综合体。

抓特色	为园区"做特"整合优化资源
抓科技	为园区"做优"提供有力支撑
抓规划	为园区"做大"奠定坚实基础
抓人才	为园区"做强"提升技术水平

第四节　推进农村创业创新

支持农民工、大中专毕业生、退役军人、科技人员和工商业主等返乡入乡创业，鼓励能工巧匠和"田秀才""土专家"等乡村能人在乡创业。推动城市各类人才投身乡村产业发展。

推进农村创业创新	培育创业创新主体
	搭建创业创新平台
	强化创业创新指导服务

支持	农民工、大中专毕业生、退役军人、科技人员和工商业主等	返乡入乡创业

鼓励	能工巧匠和"田秀才""土专家"等乡村能人	在乡创业

推动城市各类人才投身乡村产业发展

　　依托各类园区、企业、知名村镇等，建设一批农村创业创新园区（孵化实训基地）、农民工返乡创业园，打造一批众创空间、星创天地等创业创新孵化载体。依托现有资源建立农村创业创新导师队伍，为农村创业人员提供精准指导服务。

依托
各类园区、企业、知名村镇等

建设
农村创业创新园区（孵化实训基地）、农民工返乡创业园

打造	建立
众创空间、星创天地等 创新创业孵化载体	农村创业创新导师队伍

　　依托普通高等院校、职业院校和相关培训机构，让有意愿的创业创新人员参加创业创新培训，对符合条件的人员按规定给予培训补贴。制定分区域、差异化创业创新扶持政策，推动落实创业补贴政策，加大创业贷款等支持力度。支持有条件的县乡政务大厅设立创业创新服务窗口，提供"一站式"服务。

依托普通高等院校、职业院校和相关培训机构
- 让有意愿的创业创新人员参加创业创新培训，对符合条件的人员按规定给予培训补贴

制定分区域、差异化创业创新扶持政策
- 推动落实创业补贴政策，加大创业贷款等支持力度

支持有条件的县乡政务大厅设立创业创新服务窗口
- 提供"一站式"服务

◇ **知识链接** ·· >>>

乡村振兴领头雁计划

　　自2018年起，民政部下属的中国慈善联合会乡村振兴委员会陆续联合了清华大学社会科学学院、共青团中央直属的中国光华科技基金会、国务院扶贫办指导下的友成基金会等公益机构，推进了一个名为"乡村振兴领头雁"的大规模返乡青年公益培训项目。

1.返乡青年需要多方位的培训

　　他们不但需要学会种养殖技术，还要了解市场，学会利用电商销售，金融机构融资、合作组织运营等。针对这样的需求，"领头雁"项目是一个长期、多学科、多内容的系统性培训。

2.以线上为主，线上线下相结合的模式大大降低培训成本

　　相对线下培训，这种模式节省了大量差旅和场地等费用。而且，学员可以利用空闲和碎片化时间就能参与学习和互动，不会因为参加集中培训而耽误农事。

3.有可能大规模、低成本、高效率地推广

　　现在的"领头雁"项目能进行几万人的培训，很容易扩大成几十万人，甚至上百万人。从效率来看，他们可以动员最优质的乡村振兴专业人员来讲课，还会采取多轮培训的方式，不断深化培养学员的创新致富能力。

4.不但提供了培训，还可以对接各种商业和社会资源来帮助他们

　　公益机构、企业和学术机构的联合行动能够促使更多的社会资源帮助到返乡青年。在新冠肺炎疫情最严重的时期，他们组织了很多互联网平台帮助"领头雁"的学员销售滞销的农产品，并取得了很好的效果。目前，"领头雁"项目已经初步形成了有一定覆盖面的商业平台支持网络，免费为学员提供信息咨询、技术指导、传播宣传、拓展销售渠道等服务。

政策链接 •••••••••••••••••••••••••••••••••••••• >>>>

大学生乡村创业帮扶计划工作指引

　　为落实党的十九届六中全会精神和中央经济工作会议精神，共青团中央启动了"促进大学生就业行动"，发动全团力量帮助大学生就业，为"稳就业""保就业"工作大局贡献力量。

目标任务：

　　面向毕业2年内的大学生，资助其返乡下乡开展初创型小微项目不少于3000个，每个项目提供资金2万元，共青团全团每年提供资金总额不少于6000万元，并为项目提供具体支持和综合培育。

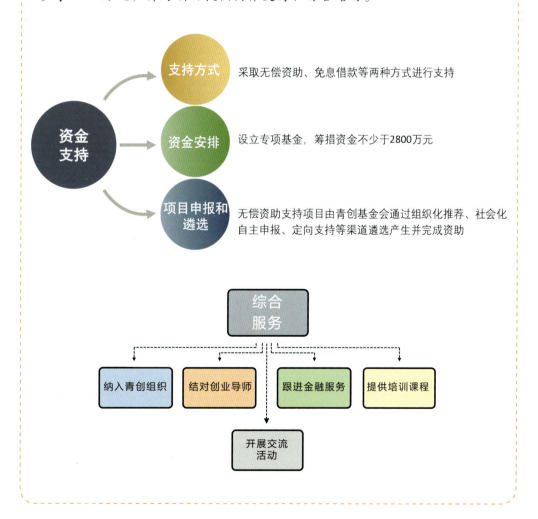

专栏4　乡村产业链供应链提升工程

1.农业现代化示范区建设

加强资源整合、政策集成，改善物质装备技术条件，创建500个左右农业现代化示范区，探索差异化、特色化的农业现代化发展模式。

2.产业融合发展工程

创建一批国家现代农业产业园，培育一批农业产业强镇、全国"一村一品"示范村镇和产值超100亿元的优势特色产业集群，建设一批科技示范园区、现代林业产业示范区。继续创建认定一批国家农村产业融合发展示范园，完善相关配套设施，鼓励各地创建省级示范园。新认定一批农业产业化国家重点龙头企业，培育3000个农业产业化联合体。

3.农产品加工业提升

建设一批集成度高、系统化强、能应用、可复制的农产品加工技术集成科研基地，在农牧渔业大县（市）建设一批农产品加工园，打造一批国际农产品加工园，创建一批农产品加工示范企业。

4.农产品仓储冷链物流设施建设

以鲜活农产品主产区和特色农产品优势区为重点，支持5万个新型农业经营主体建设农产品产地冷藏保鲜设施，建设一批产地冷链集配中心。建设30个全国性和70个区域性农产品骨干冷链物流基地。改造畜禽定点屠宰加工厂冷链储藏和运输设施。

5.休闲农业和乡村旅游精品工程

建设300个休闲农业重点县、1500个美丽休闲乡村，推介1000条乡村休闲旅游精品景点线路。

6.农村创新创业带头人培育行动

打造1500个农村创业创新园区和孵化实训基地，培育10万名农村创业创新导师和100万名带头人，带动1500万名返乡入乡人员创业。

5

CHAPTER FIVE

第五章　实施乡村建设行动
建设宜居宜业乡村

把乡村建设摆在社会主义现代化建设的重要位置，大力开展乡村建设行动，聚焦交通便捷、生活便利、服务提质、环境美好，建设宜居宜业的农民新家园。

从新的高度认识美丽乡村建设的重要意义

农村民生显著改善，乡村面貌焕然一新

要素活力不断释放，亿万农民昂首迈入全面小康社会

新阶段新征程，再强调建设美丽乡村，有着非同以往的意义

从民族复兴的大局来看美丽乡村建设

农业兴民族兴，农村稳社稷稳，农业农村与中华文明同兴同衰

中国要强，农业必须强，中国要美，农村必须美

实现"中国梦"，要以农业农村现代化为基础支撑、以乡村全面振兴为基本底色

从"三农"工作的全局来看美丽乡村建设

改善农村基础设施、公共服务，加快补上突出短板

改善乡村的生态环境、生产环境和农村公共服务水平面貌

吸引资金、技术、人才等各类要素进入农村

从构建新发展的格局来看美丽乡村建设

带动农民就地就近就业增收

促进城乡资源要素循环流通

激活农业农村发展的强劲动力

释放巨大内需空间的潜力

乡村基础设施建设

水　电　物流

路　气　房　通信　…

广播电视

农业农村现代化
"三个建设"

- 实施乡村建设行动
建设宜居宜业乡村
  - 科学推进乡村规划
加强乡村基础设施建设
整治提升农村人居环境
加快数字乡村建设
提升农村基本公共服务
扩大农村消费

- 加强乡村生态文明建设
绿色美丽乡村建设
  - 推进质量兴农绿色兴农
加强农业面源污染防治
保护修复农村生态系统

- 加强和改进乡村治理
建设文明和谐乡村
  - 完善乡村治理体系
提升农民科技文化素质
加强新时代农村精神文明建设

◆ **案例链接** ··

浙江衢州"未来乡村"

　　浙江省在2019年首次提出"未来社区"概念，浙江省衢州市将之与乡村发展实践结合，在下辖各个县（市、区）建设"未来乡村"试点。"未来乡村"打破了地理上的乡村概念，由一个或多个连片的行政村共同组成"未来乡村"社区，在运营模式上追求个性化、生态化和艺术性，为当地乡村旅游注入了新活力。

　　科学规划社区范围。对照乡村未来社区建设的主线和内涵，以莲花集镇，盛世莲花现代农业园区，古韵涧峰、水韵五坦、荷韵西山下3个美丽乡村等"一镇一园三村"为核心，依托该区域得天独厚的区位优势、交通优势、产业优势、人文优势和资源优势，"镇园企村"四位一体融合发展，联动创建乡村未来社区，规划面积16.8平方千米，其中核心区面积8平方千米。

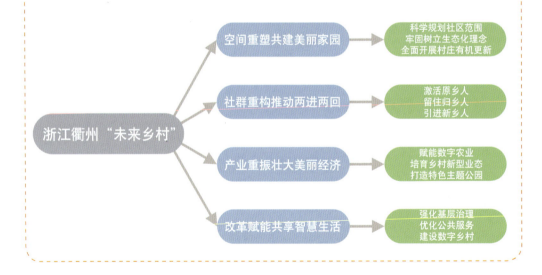

知识链接

"五美乡村"

一是产业兴旺之美。首要的，把国家粮食安全保障好。民以食为安，国以粮为安。要实施好"藏粮于地、藏粮于技"的战略，就是地要有、技要有，实现"千斤粮、万元钱"目标，这就有了物质基础。关键是抓好种子和耕地两个要害问题，打好种业翻身仗，守好守住耕地红线，建好高标准农田，这就有了基本保障。其次，把富民乡村产业发展好。粮袋满，还要口袋满。在提供优质绿色农产品的同时，也提供了优美生态环境和优秀传统文化，促进农村一二三产业融合，把产业尽可能留在乡村，让种粮的农民多参与、多得利，让抓粮的干部有责任、有压力，这就是"辅之以利、辅之以义"。

二是自然生态之美。打造视觉美丽的山水生态、体验美妙的田园生态、内涵美好的建筑生态，形成一批环境优、田园美、生活好的美丽宜居村庄。这里的关键是要把乡村的硬件软件扎实建设好，一方面，推动"水电路讯房、科教文卫保"服务设施建设，另一方面，推动"山水林田湖草沙石"景观建设，推动行政村以下道路和农产品仓储保鲜冷链物流建设，打通农产品上行出村进城和工业品的下行进村入户的渠道，既方便群众生活，同时又促进生产。

三是文明淳朴之美。自然与田园是人类文明的灵感源泉，乡村则是其重要载体。在乡村，人与自然和谐共处，文化与生活呼吸相闻，呈现出一幅余韵悠长的乡居生活图景。东晋诗人陶渊明说"久在藩篱中，复得返自然"，即便跨越千百年，特色乡村田园的理想依然在人们心中回响。美丽乡村是人们对美好生活的期待，特别是对诗意栖息田园的向往，为人们打开了一扇寄情田园的门，为乡村开辟了一条全新的路，更为人们共绘大美画卷备好了笔墨纸砚。

四是共建共享之美。在提高农村公共服务水平的同时，加强改进乡村治理。一方面，打好乡村治理的基础。对农房、生产设施、生活服务设施、社会事业设施等建设作出规划安排。另一方面，加强生产生活污水治理。特别是加强水源保护区、城乡结合部、乡镇所在地、中心村等区域的综合治理，强化厕所革命，强化污水治理和垃圾处置。还有一方面，开展乡村治理示范创建。全面推进法治、德治、自治，加强以村级党组织为核心的村级组织建设，建立健全社区治理体系，使乡村面貌从里到外都有更大的变化。

　　五是和谐有序之美。关键是把农民从"一金"变"五金"，即卖农金、挣薪金、收租金、分红金、得财金。一方面，坚持产业、就业、创业、兴业"四业同进"方针。帮助农民用自己的双手勤劳致富，"有活干、有钱赚"。另一方面，做好兜底保障。主要是将没有劳动能力的人口，及时纳入现有社保体系。更重要的一方面，就是收入。通过卖得好、卖上好价钱，增加农民经营性收入；通过延长链条扩大就业，增加农民工资性收入；通过把农家庭院变成"农家乐园"，增加农民的财产性收入；通过把农业产区变成田园景区，保障农民收入"四季不断"。

第一节　科学推进乡村规划

完善县镇村规划布局。强化县域国土空间规划管控，统筹划定落实永久基本农田、生态保护红线、城镇开发边界。统筹县城、乡镇、村庄规划建设，明确村庄分类布局。推进县域产业发展、基础设施、公共服务、生态环境保护等一体规划，加快形成县乡村功能衔接互补的建管格局，推动公共资源在县域内实现优化配置。

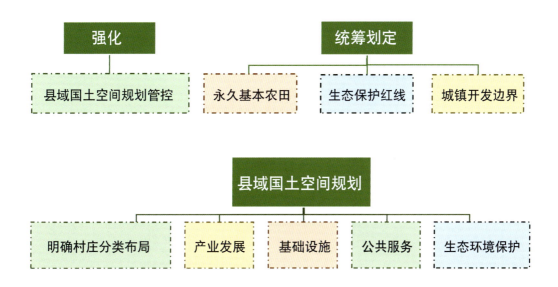

加快推进村庄规划。按照集聚提升类、城郊融合类、特色保护类和搬迁撤并类等村庄分类，分类推进村庄规划。优化布局乡村生活空间，严格保护农业生产空间和乡村生态空间，科学划定养殖业适养、限养、禁养区域。坚持先规划后建设，加强分类指导，保持历史耐心，遵循乡村发展规律，注重传统特色和乡村风貌保护，不搞一刀切。严禁随意撤并村庄搞大社区、违背农民意愿大拆大建。

◆ **知识链接** ·····························>>>

何为千镇千业？

近年来，农财两部拿出120亿元中央财政支持1109个镇（乡）聚焦主导产业、聚集资源要素，建设产业链条延长、业态类型丰富、创业创新活跃、联农带农紧密的农业产业强镇，在"铺天盖地"的乡村产业中打造"顶天立地"的战略支点，正在成为构建乡村产业"圈"状发展格局的新高地。

农业产业强镇，是在乡村特色产业示范村微型经济"圈"的基础上，经过一村连数村、村村连成镇，形成了"一镇一业"小型经济圈，上联县城、下接乡村、内聚要素、外拓市场，产品小而特、业态精而美、布局聚而合，发掘当地特色资源，吸引资本聚镇、能人入镇、技术进镇。

如今，广袤乡村崛起了星罗棋布的农业产业强镇，优势特色产业不断壮大，有力推动了产业融合、产城融合、城乡融合发展。

总的来看，乡村振兴，产业兴旺是基础。产业兴旺，是解决农村一切问题的前提。产业振兴是乡村振兴的重中之重。要实现乡村产业振兴，就必须大力发展乡村产业强镇，充分发挥乡镇在城乡融合发展中的黏合作用，用镇这一支点撬动广袤乡村产业振兴，使之大力发展、振奋兴起、繁荣昌盛。

知识链接 ∙∙∙∙∙∙∙∙∙∙∙∙∙∙∙∙∙∙∙∙∙∙∙∙∙∙

何为乡发、乡建、乡治？

即为乡村发展、乡村建设、乡村治理。

第一，聚焦产业的乡村发展，全力抓好粮食生产和重要农产品供给，稳定粮食面积，大力扩大大豆和油料生产，确保2022年粮食产量稳定在1.3万亿斤以上。强化"菜篮子"市长负责制，稳定生猪生产，确保畜禽水产和蔬菜有效供给。落实好耕地保护建设硬措施，严格落实耕地保护责任，加强耕地用途管制，建设1亿亩高标准农田。大力推进种源等农业关键核心技术攻关，提升农机装备研发应用水平，加快发展设施农业，强化农业科技支撑。巩固拓展好脱贫攻坚成果，加大对乡村振兴重点帮扶县倾斜支持力度，抓紧完善和落实监测帮扶机制，加强产业和就业帮扶，确保不发生规模性返贫。深入推进农村一二三产业融合，大力发展县域富民产业，推进农业农村绿色发展，让农民更多分享产业增值收益。

第二，扎实推进乡村建设，以农村人居环境整治提升为抓手，立足现有村庄基础，重点加强普惠性、基础性、兜底性民生建设，加快县域内城乡融合发展，建设水电路讯房、科教文卫保，逐步使农村具备基本现代生活条件。

第三，加强和改进乡村治理，发挥农村基层党组织战斗堡垒作用，创新农村精神文明建设有效平台载体，妥善解决农村矛盾纠纷，维护好农村社会和谐稳定。要加强和改善党对"三农"工作的领导，落实五级书记抓乡村振兴要求，强化乡村振兴要素保障。在治理上实行法治、德治、自治，在制度上实行"清单制"和"积分制"。

知识链接

乡村治理积分制度

为治理好乡村关系，保障亿万农民的切身利益，中央农办、农业农村部总结交流各地运用积分制经验做法，在全国推广运用积分制工作。各地按照中央要求积极探索创新乡村治理方式，以积分管理为主要形式，加强农村基础党组织领导，从农民群众最关心、最迫切的身边事入手，将乡村治理重要事务量化为积分指标，通过民主的方式形成评价办法，对农民群众日常行为进行评价，并根据积分结果给予相应激励。积分制在各地广泛运用，对加强和改进乡村治理、促进农村和谐稳定有积极作用。

如今乡村治理积分制度已产生许多的优秀范例，如宁夏回族自治区固原市探索乡村文明实践积分制，其以户为单位，将村民生产、生活和生态环境保护行为量化积分，再用积分兑换所需生活用品，促进乡风文明建设，形成了群众参与度高、运行效果好的乡村治理新模式。在济源市轵城镇建设"道德积分银行"，对村民好人好事行为进行评比、积分，存进去的是村民们的道德积分，取出来的则是凭积分兑换的各种生活物品，让做好事成为一种习惯的同时，也在改变着村民们的观念和日常生活。

要因地制宜地在乡村治理中推广运用积分制，坚持党的领导，聚焦解决突出矛盾和问题，鼓励地方探索创新，规范实施过程，突出结果运用、强化运行保障，通过积分制树立乡村治理新标杆，引领农民群众积极参与乡村振兴。

乡村治理积分制度

- 农村基层党组织领导建立相关制度
- 将乡村治理重要事务量化为积分指标
- 对农民日常行为进行评价形成积分
- 根据积分给予相应的精神或物质奖励

第二节　加强乡村基础设施建设

完善农村交通运输体系。推进农村公路建设项目更多向进村入户倾斜，统筹规划和建设农村公路穿村路段，兼顾村内主干道功能。推进人口密集村庄消防通道建设。深化农村公路管理养护体制改革，落实管养主体责任。完善交通安全防护设施，提升公路安全防控水平，强化农村公路交通安全监管。推动城乡客运一体化发展，优化农忙等重点时段农村客运服务供给，完善农村客运长效发展机制。

 知识链接 ······························

乡村活力构成

　　紧扣打造"美丽宜人、业兴人和"的新乡村目标，增强组织凝聚力、提升土地承载力、挖掘资源潜在力、厚植产业发展力、筑牢设施支撑力、提高人口吸引力，促进产业振兴、生态振兴、文化振兴、人才振兴、组织振兴，使乡村活力进一步激发。

　　增强组织凝聚力。党对农村工作领导更加坚强有力，自治、法治、德治相结合的现代乡村治理体系更加完善，乡村振兴取得重要阶段性成果，制度框架和政策体系基本健全，乡村党组织、村委会的组织力、号召力进一步增强。

提升土地承载力。农业发展取得新成效，农业基础更加稳固，重要农产品自给率显著提升，科技支撑农业高质量发展能力显著提升，乡村耕地、宅基地、集体建设用地进一步盘活，土地产出率、劳动生产率大幅度提升。

挖掘资源潜在力。乡村优势特色资源得到充分开发，生态宜居实现新进步，全面完成美丽乡村建设任务，乡村成为老百姓的幸福家园和"会客厅"；乡村文化振兴取得新进展，乡村社会文明程度进一步提高，全面提振农民"精气神"；农村民生达到新水平，城乡基本公共服务均等化水平显著提升，城乡居民收入比进一步缩小，让农民"钱袋子"鼓起来。

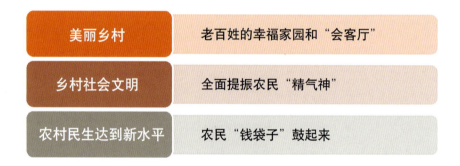

美丽乡村	老百姓的幸福家园和"会客厅"
乡村社会文明	全面提振农民"精气神"
农村民生达到新水平	农民"钱袋子"鼓起来

厚植产业发展力。现代乡村产业体系基本形成，每亩耕地"千斤粮、万元钱"成为普遍现象，创企业、兴产业、带就业、建家业、办事业，促进农民自发变自觉、小众变大众、家业变产业，该体系成为农民增收致富的"聚宝盆"。

筑牢设施支撑力。城乡基本公共服务实现均等化，城乡区域发展差距和居民生活水平差距显著缩小，设施装备条件全面发展，乡村居民生活更加美好，全体农民共同富裕取得实质性进展。

提高人口吸引力。乡村治理效能得到新提升，乡村社会保持和谐稳定，城乡产业融合、要素融合和景观融合取得突破性进展，吸引返乡入乡在乡人员以创新带动创业、以创业带动就业、以就业促进增收，美丽宜居乡村全面建成，率先基本实现乡村治理体系和治理能力现代化，乡村社会和谐繁荣稳定。

◇ **政策链接** ・・・・・・・・・・・・・・・・・・・・・・・・・ >>>

"四好农村路"

　　2022年，交通运输部印发《推动"四好农村路"高质量发展2022年工作要点》，全面贯彻党的十九大和十九届历次全会精神，着力促建设、重养护、提服务、保安全、强治理、抓示范，推动"四好农村路"高质量发展，为加快建设交通强国、服务巩固拓展脱贫攻坚成果同乡村振兴有效衔接、助力农民农村共同富裕提供坚实保障。

提升农村供水保障水平。合理确定水源和供水工程设施布局，加强水源工程建设和水源保护。实施规模化供水工程建设和小型供水工程标准化改造，提高农村自来水普及率。鼓励有条件的地区将城市供水管网向周边村镇延伸。建立合理水价形成机制和水费收缴机制，健全农村供水工程建设运行和管护长效机制。加强农村消防用水配套设施建设。完善农村防汛抗旱设施，加强农村洪涝灾害预警和防控。

提升农村供水保障水平

· 合理确定水源和供水工程设施布局

· 加强水源工程建设和水源保护

· 实施规模化供水工程建设和小型供水工程标准化改造

· 鼓励有条件的地区将城市供水管网向周边村镇延伸

· 建立合理水价形成机制和水费收缴机制

· 加强农村消防用水配套设施建设

· 完善农村防汛抗旱设施，加强农村洪涝灾害预警和防控

加强乡村清洁能源建设。提高电能在农村能源消费中的比重。因地制宜推动农村地区光伏、风电发展，推进农村生物质能源多元化利用，加快构建以可再生能源为基础的农村清洁能源利用体系。强化清洁供暖设施建设，加大生物质锅炉（炉具）、太阳能集热器等推广应用力度，推动北方冬季清洁取暖。

提高 · 电能在农村能源消费中的比重

推动 · 农村地区分布式光伏、风电发展

推进 · 农村生物质能源多元化利用

加快 · 构建以可再生能源为基础的农村清洁能源利用体系

加大 · 生物质锅炉（炉具）、太阳能集热器等推广应用力度

建设农村物流体系。完善县乡村三级物流配送体系，构建农村物流骨干网络，补齐物流基地、分拨中心、配送站点和冷链仓储等基础设施短板，加大对公用型、共配型场站设施的政策支持力度。改造提升农村寄递物流基础设施，推进乡镇运输服务站建设，改造提升农贸市场等传统流通网点。打造农村物流服务品牌，创新农村物流运营服务模式，探索推进乡村智慧物流发展。

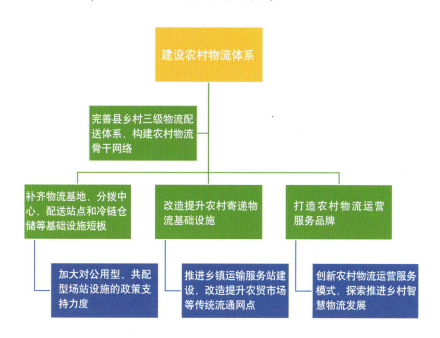

```
                    "三不"
        ┌─────────────┼─────────────┐
   农民办不了      农民办不好      农民办了不合算
```

第三节 整治提升农村人居环境

因地制宜推进农村厕所革命。加强中西部地区农村户用厕所改造，引导新改户用厕所入院入室。合理规划布局农村公共厕所，加快建设乡村景区旅游厕所。加快干旱、寒冷地区卫生厕所适用技术和产品研发。推进农村厕所革命与生活污水治理有机衔接，鼓励联户、联村、村镇一体处理。鼓励各地探索推行政府定标准、农户自愿按标准改厕、政府验收合格后按规定补助到户的奖补模式。完善农村厕所建设管理制度，严格落实工程质量责任制。

农村厕所革命			
加强中西部地区农村户用厕所改造	加快建设乡村景区旅游厕所	推进农村厕所革命与生活污水治理有机衔接	完善农村厕所建设管理制度

梯次推进农村生活污水治理。以县域为基本单元，以乡镇政府驻地和中心村为重点梯次推进农村生活污水治理，基本消除较大面积的农村黑臭水体。采用符合农村实际的污水处理模式和工艺，优先推广运行费用低、管护简便的治理技术，积极探索资源化利用方式。有条件的地区统筹城乡生活污水处理设施建设和管护。

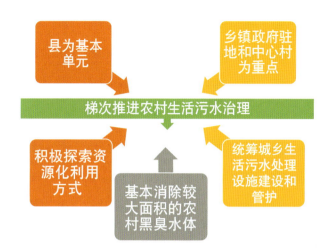

健全农村生活垃圾处理长效机制。推进农村生活垃圾源头分类减量，探索农村生活垃圾就地就近处理和资源化利用的有效路径，稳步解决"垃圾围村"问题。完善农村生活垃圾收运处置体系，健全农村再生资源回收利用网络。

整体提升村容村貌。深入开展村庄清洁和绿化美化行动，实现村庄公共空间及庭院房屋、村庄周边干净整洁。提高农房设计水平和建设质量。建立健全农村人居环境建设和管护长效机制，全面建立村庄保洁制度，有条件的地区推广城乡环卫一体化第三方治理。

整体提升村容村貌				
深入开展村庄清洁和绿化美化行动	提高农房设计水平和建设质量	建立健全农村人居环境建设和管护长效机制	全面建立村庄保洁制度	有条件的地区推广城乡环卫一体化第三方治理

◇ **政策链接** ···

中共中央办公厅 国务院办公厅印发
《农村人居环境整治三年行动方案》

改善农村人居环境，建设美丽宜居乡村，是实施乡村振兴战略的一项重要任务，事关全面建成小康社会，事关广大农民根本福祉，事关农村社会文明和谐。《农村人居环境整治三年行动方案》提出，重点围绕"推进农村生活垃圾治理、开展厕所粪污治理、梯次推进农村生活污水治理、提升村容村貌、加强村庄规划管理、完善建设和管护机制"六项任务，坚持农业农村优先发展，坚持绿水青山就是金山银山，顺应广大农民过上美好生活的期待，统筹城乡发展，统筹生产生活生态，以建设美丽宜居村庄为导向，以农村垃圾、污水治理和村容村貌提升为主攻方向，动员各方力量，整合各种资源，强化各项举措，加快补齐农村人居环境突出短板，为如期实现全面建成小康社会目标打下坚实基础。

同时发挥村民主体作用，强化政策支持，扎实有序推进，并通过加强组织领导、加强考核验收督导、健全治理标准和法治保障等保障措施，努力营造全社会关心支持农村人居环境整治的良好氛围。

基本原则

- 因地制宜 分类指导
- 示范先行 有序推进
- 注重保护 留住乡愁
- 村民主体 激发动力
- 建管并重 长效运行
- 落实责任 形成合力

重点任务

推进农村生活垃圾治理 · 开展厕所粪污治理 · 梯次推进农村生活污水治理 · 提升村容村貌 · 加强村庄规划管理 · 完善建设和管护机制

◇ **案例链接** ·· >>>

中国美丽休闲乡村——河南省南阳市韩营村

韩营村位于丹江口水库之滨,距南水北调中线工程渠首闸直线距离不足1千米,是南水北调引丹会战工程宿营地。2019年12月,韩营村被国家林业和草原局确定为国家级森林乡村,2020年5月被南阳市确定为乡村旅游示范村。韩营村辖3个自然村,7个村民小组,499户、2091人;耕地3385亩、林地700亩;是省级贫困村,共有建档立卡贫困户30户、71人,2016年贫困村出列,2019年贫困人口全部稳定脱贫。

韩营村南水北调纪念小镇项目是由杏山旅游管理区争取北京对口援建资金,整合各类政策项目资金和外地民间社会投资共同建设的,规划总投资3.6亿元,共有南部乡村风情区、北部禹山风景区和韩营村生态湿地三个部分。项目依托丹江口水库及周边杏山、禹山、汤山自然风光和南水北调中线工程渠首枢纽独特区位,以引丹会战渠首建设精神为主题,生态文明建设为主线,生态休闲、康养保健、研学教育、采摘体验、拓展训练、亲子娱乐等为主要内容,以融入全市"两天一夜"旅游圈,打造我市"四种精神"集中反映地和重要旅游目的地为主要目标。

依托杏山旅游管理区独特的山林田湖等自然资源和区位优势,在韩营村南侧,紧邻丹江口水库附坝,新建长2千米、宽1千米,占地面积700余亩的生态湿地公园,种植银杏、香樟、水杉、垂柳、沙地柏等名贵树木,并配比种植地毯草、马蹄金等生态湿地植物,配套引水灌溉工程(2.5米宽、环形步道约5千米,一座提灌站及灌溉渠约2千米)等。湿地的建设不仅可有效控制水土流失,改善生态环境,还可以有效涵养水源,增加区域内生物多样性。

第四节 加快数字乡村建设

加强乡村信息基础设施建设。实施数字乡村建设工程。加快农村光纤宽带、移动互联网、数字电视网和下一代互联网发展，支持农村及偏远地区信息通信基础设施建设。加快推动遥感卫星数据在农业农村领域中的应用。推动农业生产加工和农村地区水利、公路、电力、物流、环保等基础设施数字化和智能化升级。开发适应"三农"特点的信息终端、技术产品、移动互联网应用软件，构建面向农业农村的综合信息服务体系。

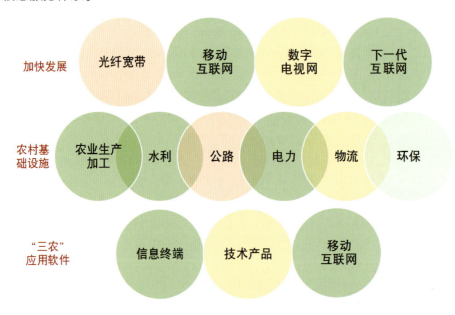

构建面向农业农村的综合信息服务体系

1 统筹推进数字乡村和智慧城市建设

2 加快农村光纤宽带、移动互联网、数字电视网和下一代互联网发展，加快构建面向农业农村的综合信息服务体系，满足农业生产和农民生活用网需求

3 支持农村及偏远地区信息通信基础设施建设

4 加快建设农业农村遥感卫星等天基设施

5	加快开发"三农"信息终端、技术产品、移动互联网应用软件
6	推动农业生产加工、农村水利、公路、电力、物流、环保等基础设施数字化智能化升级
7	全面推进互联网协议第六版（IPv6）技术在农村信息基础设施、信息终端、技术产品、应用软件中的广泛应用

发展智慧农业。 建立和推广应用农业农村大数据体系，推动物联网、大数据、人工智能、区块链等新一代信息技术与农业生产经营深度融合。建设数字田园、数字灌区和智慧农（牧、渔）场。

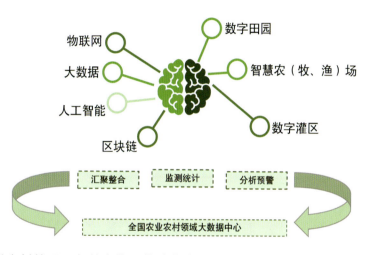

推进乡村管理服务数字化。 构建线上线下相结合的乡村数字惠民便民服务体系。推进"互联网+"政务服务向农村基层延伸。深化乡村智慧社区建设，推广村级基础台账电子化，建立集党务村务、监督管理、便民服务于一体的智慧综合管理服务平台。加强乡村教育、医疗、文化数字化建设，推进城乡公共服务资源开放共享，不断缩小城乡"数字鸿沟"。持续推进农民手机应用技能培训，加强农村网络治理。

◇　**知识链接** ·································· >>>

农业物联网的内涵

　　农业物联网是物联网技术在农业生产、经营、管理和服务中的具体应用。无线网络和互联网传输将对获取的海量农业信息进行整合处理，然后通过智能操作终端实现农业产前、产中、产后的过程监控、科学决策和实时服务。

农业物联网的关键技术

　　1.农业物联网感知技术。农业物联网感知技术是指利用传感器、RFID（射频识别技术）、条码、GPS（全球定位系统）、RS（遥感）等技术手段，随时随地获取农田内的信息；任何时间、任何地点，如日照强度、温湿度、风速、风向、降水量、含气量等。

　　2.农业物联网传输技术。农业物联网传输技术是指将传感设备接入传输网络，利用有线或无线通信网络随时随地进行可靠性高的信息交换和共享。在物联网领域，信息传输技术可分为无线传感器网络技术（WSN）和移动通信技术两大类。

　　3.农业物联网智能加工技术。农业物联网智能加工技术是指数据预处理、存储、索引、查询、智能分析和计算，主要技术包括大数据处理技术、数据挖掘技术、农业监测预警技术、人工智能技术等。

◇　**知识链接** ·································· >>>

什么是区块链?

　　从科技层面来看，区块链涉及数学、密码学、互联网和计算机编程等很多科学技术问题。从应用视角来看，简单来说，区块链是一个分布式的共享账本和数据库，具有去中心化、不可篡改、全程留痕、可以追溯、集体维护、公开透明等特点。这些特点保证了区块链的"诚实"与"透明"，为区块链创造信任奠定了基础。而区块链丰富的应用场景，基本上都基于区块链能够解决信息不对称问题，实现多个主体之间的协作信任与一致行动。

2019年1月10日，国家互联网信息办公室发布《区块链信息服务管理规定》。2019年10月24日，在中央政治局第十八次集体学习时，习近平总书记强调，"把区块链作为核心技术自主创新的重要突破口""加快推动区块链技术和产业创新发展"。"区块链"已走进大众视野，成为社会的关注焦点。

◇ **案例链接**

黑龙江省佳木斯市桦南县：实施数字乡村战略

为落实"数字桦南"建设工作部署，黑龙江省佳木斯市桦南县以入选首批国家数字乡村试点为契机，加快推进数字乡村建设，致力构建智慧农业、农村电商等主要框架，让"互联网＋农业"充分释放潜能，为乡村振兴注入新动能。

截至目前，累计投资3000万余元，建成占地面积346平方米的智慧城市信息指挥中心和数据中心，建成城市公共信息平台、公共基础数据库等多个应用平台，基本形成"1个中心＋12个智慧项目＋N项智慧应用"的总体格局。其中，农业综合服务平台、大田"四情"监测系统、设施农业物联网系统、农产品质量安全追溯系统等为数字乡村服务项目。

一是建设农业"四情"监测系统。大田"四情"监测系统，可实现对农作物"墒情、苗情、虫情、灾情"及各个生长阶段长势的动态监测，在桦南县农业生产中发挥了巨大作用。

二是构建农业设施物联网系统。桦南县对鸿源水稻基地内的9栋普通大棚及1栋温室大棚进行改造，安装小型气象站及监控设备，增设卷帘、喷淋、滴管、风机等现代化、自动化农业设备，实现了自动增温、通风、增湿、施肥等功能。通过自动控制及远程技术，实现远程温室大棚内部数据及图像获取和农业设施的自动控制调节，充分发挥物联网技术在现代化农业生产中的作用。

三是建设农产品质量安全追溯系统。通过物联网技术连接农产品种植、生产、加工、检验、监管、销售等质量安全监管与控制的关键环节，实现农产品质量安全追溯，提升产品市场竞争力，保障食品安全。

知识链接

数字乡村

　　数字乡村不是选答题，而是必答题。数字乡村是伴随网络化、信息化和数字化在农业农村经济社会发展中的应用，以及农民现代信息技能的提高而内生的农业农村现代化发展和转型进程，既是乡村振兴的战略方向，也是建设数字中国的重要内容。

数字乡村三个着力点　　智慧农业　　乡村社会的数字化治理　　政府部门治理体系和治理能力的现代化

抓基础设施建设

· 编制数字农业农村建设规划，加快建设部省（自治区、直辖市）两级农业农村大数据中心。推出一批农业数字创新中心、全产业链大数据和数字农业应用推广基地等重大工程项目

抓数据资源建设

· 建立健全数据资源目录和标准体系，加快构建空天地一体化数据资源采集体系，统筹建设"三农"专题数据库和农业农村大数据决策信息服务平台

抓应用场景建设

· 充分发挥大数据预测预警和优化投入要素结构两大核心功能，确保大数据、人工智能、区块链等现代信息技术在防灾减灾、疫病防控、精准作业、产销对接、质量安全监管等方面见到实效

抓智能设备建设

· 加强农机智能制造、农业物联网、传感器、芯片等核心关键技术攻关，以此带动国产化，促进量产，降低使用成本

抓机构队伍建设

· 加强组织领导、开设相关课程、加强科研团队建设、加大培训力度等

◆ **知识链接** •••••••••••••••••••••••••••••••••••

智慧农业

　　智慧农业是农业中的智慧经济，或是智慧经济形态在农业中的具体表现。智慧农业是智慧经济重要的组成部分；对于发展中国家而言，智慧农业是智慧经济主要的组成部分，是发展中国家消除贫困、实现后发优势、经济发展后来居上、实现赶超战略的主要途径。

专栏5　乡村公共基础设施建设工程

1.农村道路畅通
　　因地制宜推进乡镇通三级及以上公路、自然村通硬化路，加强村组连通和村内道路建设。推进老旧公路改造和窄路基路面加宽改造，强化农村公路与国省干线公路、城市道路、村内道路衔接。

2.农村供水保障
　　推进农村水源保护和供水保障工程建设，更新改造一批老旧供水工程和管网，提高规模化供水工程覆盖农村人口比例。

3.乡村清洁能源建设
　　实施农村电网巩固提升工程，因地制宜发展农村地区电供暖、生物质能源清洁供暖，加强煤炭清洁化利用，推进散煤替代。

4.农村物流体系建设
　　加强县乡村物流基础设施建设，鼓励地方建设县镇物流基地、农村电子商务配送站点，选择部分地区建设面向农村的共同配送中心。

5.农村人居环境整治提升
　　有序推进经济欠发达地区以及高海拔、寒冷、缺水地区的农村改厕。因地制宜建设一批厕所粪污、农村生活污水处理设施和农村有机废弃物综合处置利用设施。支持600个县整县推进农村人居环境整治。创建一批美丽宜居村庄。

6.乡村信息基础设施建设
　　推动农村千兆光网、5G、移动物联网与城市同步规划建设，提升农村宽带网络水平。全面推进互联网协议第六版（IPv6）技术在农村信息基础设施、信息终端、技术产品、应用软件中的广泛应用。推广大田作物精准播种、精准施肥施药、精准收获，推动设施园艺、畜禽水产养殖和渔船渔港智能化应用。实施农业农村大数据应用行动。

第五节　提升农村基本公共服务水平

提高农村教育质量。多渠道增加农村普惠性学前教育供给，完善普惠性学前教育保障机制。继续改善乡镇寄宿制学校办学条件，保留并办好必要的乡村小规模学校，在县城和中心镇新建改扩建一批普通高中和中等职业学校。把耕读教育和科学素质教育纳入教育培训体系。加大涉农高校、涉农职业院校、涉农学科专业建设力度。支持县城职业中学等学校根据当地产业发展需要，试办社区学院。加强乡村教师队伍建设，推进县域内义务教育学校校长、教师交流轮岗，支持建设城乡学校共同体。加快发展面向乡村的网络教育。

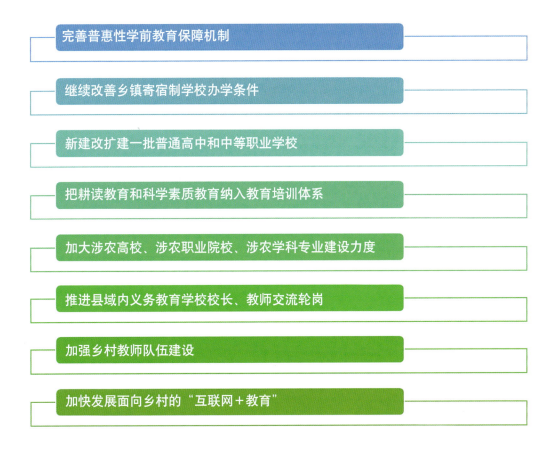

- 完善普惠性学前教育保障机制
- 继续改善乡镇寄宿制学校办学条件
- 新建改扩建一批普通高中和中等职业学校
- 把耕读教育和科学素质教育纳入教育培训体系
- 加大涉农高校、涉农职业院校、涉农学科专业建设力度
- 推进县域内义务教育学校校长、教师交流轮岗
- 加强乡村教师队伍建设
- 加快发展面向乡村的"互联网＋教育"

全面推进健康乡村建设。加强乡村基层医疗卫生体系建设，提升村卫生室标准化建设和健康管理水平，提升乡镇卫生院医疗服务能力。加强县级医院和妇幼保健机构建设，持续提升县级疾控机构应对重大疫情及突发公共卫生事件能力。加强乡村医疗卫生和疾控人才队伍建设，加大农村基层本地全科人才培养力度，推动乡村

医生向执业（助理）医师转变，落实乡村医生待遇。加快县域紧密型医共体建设，实行医保总额预算管理，强化基本医保、大病保险、医疗救助三重制度保障功能。加强出生缺陷防治知识普及和健康教育。加快完善乡村公共体育场地设施。

完善农村养老服务体系。健全县乡村衔接的三级养老服务网络，推进村级幸福院、日间照料中心等建设，推动乡镇敬老院升级改造。发展农村普惠型养老服务和互助性养老，加大居家养老支持力度。落实城乡居民基本养老保险待遇确定和正常调整机制，适时提高基础养老金标准。

提升村级综合服务能力。加强村级综合服务设施建设，完善便民服务设施。制定村级公共服务目录和代办政务服务指导目录，提供就业社保、社会救助、卫生健康、法律咨询等公共服务。发展农村普惠性托幼服务，健全农村留守儿童、妇女、老年人、残疾人以及困境儿童关爱服务体系。加快推动乡镇社会工作服务站建设，吸引社会工作人才提供专业服务。加强农村公益性殡葬设施建设。

第六节　扩大农村消费

多措并举畅通增收渠道。支持发展各具特色的现代乡村富民产业，完善利益联结机制，通过"资源变资产、资金变股金、农民变股东"，让农民更多地分享产业增值收益。建设城乡统一的人力资源市场，完善农民工就业支持政策，落实农民工与城镇职工平等就业、同工同酬制度。深入实施新生代农民工职业技能提升计划。赋予农民更多财产权利，提高农民土地增值收益分享比例。

实施农村消费促进行动。鼓励有条件的地区开展农村家电更新行动、实施家具家装下乡补贴和新一轮汽车下乡，促进农村居民耐用消费品更新换代。完善县城和中心镇充换电基础设施建设。支持网络购物、移动支付等消费新业态、新模式向农村拓展，提升农村居民消费意愿。

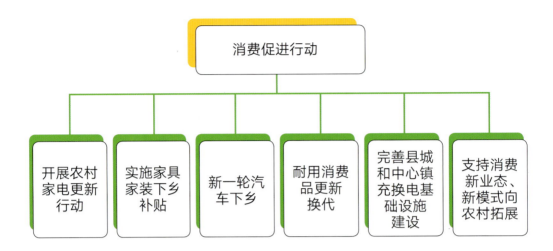

优化农村消费环境。加强农村市场建设，完善农村商贸服务网络，优化县域批发市场、集散中心、商业网点布局。实施农村消费环境净化专项行动，聚焦食品药品安全、农资供应等领域，依法打击假冒伪劣、虚假宣传、价格欺诈等违法行为，规范农村市场秩序。加强市场监管和行政执法，在农村地区开展放心消费创建活动。

加强农村市场建设

完善农村商贸服务网络	优化县域批发市场、集散中心、商业网点布局

实施农村消费环境净化专项行动

聚焦食品药品安全、农资供应等领域，依法打击假冒伪劣、虚假宣传、价格欺诈等违法行为，规范农村市场秩序

加强市场监管和行政执法

在农村地区开展放心消费创建活动

专栏6　农村基本公共服务提升工程

1.农村教育质量提升行动

改善乡镇寄宿制学校和乡村小规模学校办学条件，加强县域普通高中学校建设，支持20万人口以上的县特殊教育学校建设。每年安排建设一批普惠型幼儿园。改善农村中小学信息化基础设施，加强国家中小学网络云平台资源应用。继续实施"特岗计划"。

2.乡村健康服务提升行动

加强村卫生室标准化建设，依托现有资源，选建一批中心卫生院，建设一批农村县域医疗卫生次中心。加快县域紧密型医共体建设，提高县级医院医疗服务水平。推动县（市、区）妇幼保健机构提高服务能力。

3.农村养老服务体系建设行动

提升县级特困供养服务机构失能照护和集中供养能力，每个县（市、区）至少建有1所县级供养服务机构。拓展乡镇敬老院区域养老服务中心功能，完善村级互助养老服务设施，解决农村老年人生活照料、就餐就医等问题。

4.村级综合服务设施提升

改扩建行政村综合性公共服务用房，建设一站式服务大厅、多功能活动室、图书阅览室等。

CHAPTER SIX

第六章　加强农村生态文明建设
　　　　建设绿色美丽乡村

以绿色发展引领乡村振兴，推进农村生产生活方式向绿色低碳转型，实现资源利用更加高效、产地环境更加清洁、生态系统更加稳定，促进人与自然和谐共生。

◇　**知识链接**

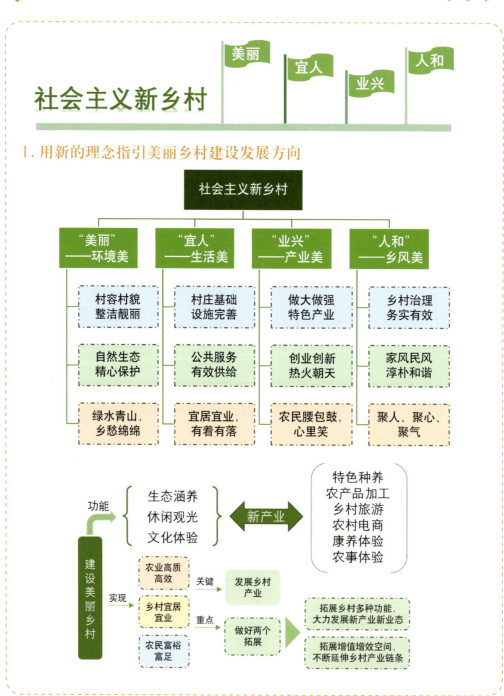

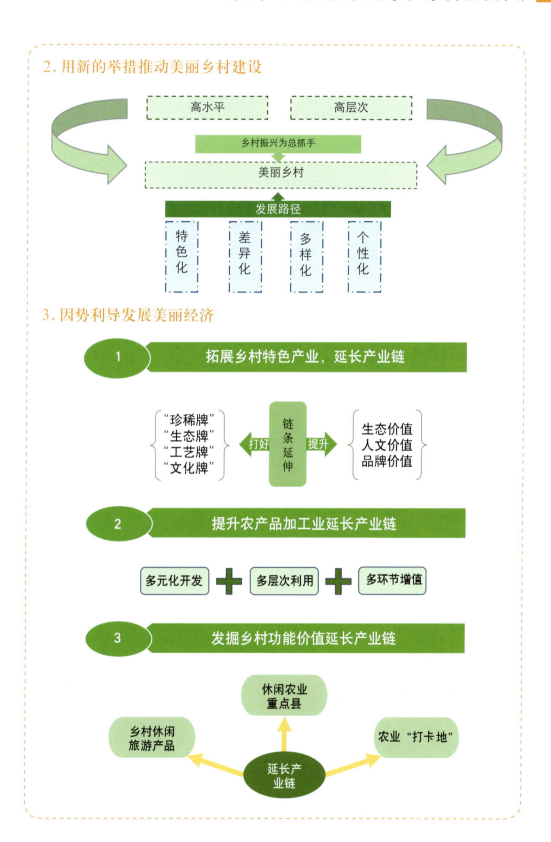

2.用新的举措推动美丽乡村建设

高水平　　　　高层次

乡村振兴为总抓手

美丽乡村

发展路径

特色化　差异化　多样化　个性化

3.因势利导发展美丽经济

1　拓展乡村特色产业，延长产业链

"珍稀牌"
"生态牌"
"工艺牌"
"文化牌"

打好 ← 链条延伸 → 提升

生态价值
人文价值
品牌价值

2　提升农产品加工业延长产业链

多元化开发 ✚ 多层次利用 ✚ 多环节增值

3　发掘乡村功能价值延长产业链

休闲农业
重点县

乡村休闲
旅游产品

农业"打卡地"

延长产
业链

4. 因地制宜改善发展环境

1 加强村庄环境整治

"绣花"功夫 → 抓细乡村环境长效管理

"标兵"姿态 → 抓实乡村生活垃圾分类

"园丁"精神 → 抓好美丽乡村山水建设

2 发展生态绿色农业

林下经济 稻鱼共作	绿色田园 绿色牧场 绿色渔场	资源循环 梯次利用 高质利用	主食加工 中央厨房
打造	建设	推进	引导

生态绿色农业

3 淳化乡风文明

乡风

民风 → 乡村文明建设 ⫸ 德治

家风

先进的管理模式和理念

法治 自治

5.突出文化创新发展业态

文化新业态

| 发掘优秀农耕文化 | 保护传统村落古镇 | 开发乡土文化产品 |

敢于彰显农村的"土气"

善于利用乡村的"老气"

精于融入时代的"朝气"

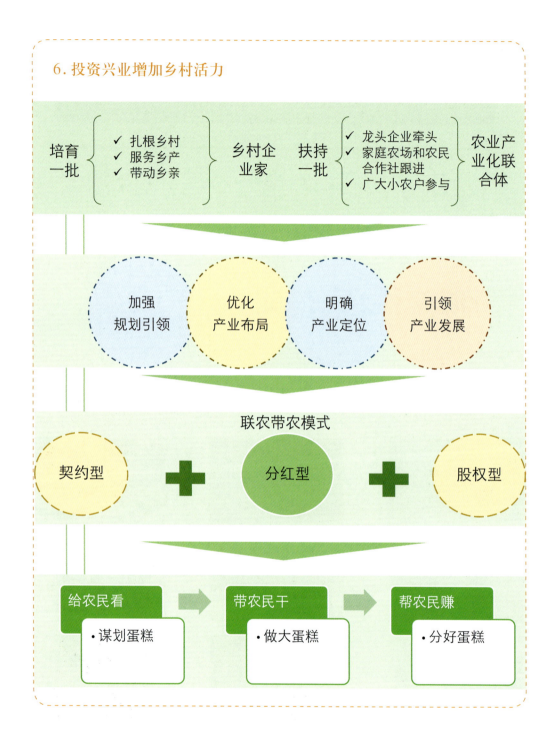

6. 投资兴业增加乡村活力

培育一批
✓ 扎根乡村
✓ 服务乡产
✓ 带动乡亲

乡村企业家

扶持一批
✓ 龙头企业牵头
✓ 家庭农场和农民合作社跟进
✓ 广大小农户参与

农业产业化联合体

加强规划引领

优化产业布局

明确产业定位

引领产业发展

联农带农模式

契约型 ✚ 分红型 ✚ 股权型

给农民看 → 带农民干 → 帮农民赚

· 谋划蛋糕

· 做大蛋糕

· 分好蛋糕

第一节　推进质量兴农绿色兴农

提升农业标准化水平。建立健全农业高质量发展标准体系，制修订粮食安全、种业发展、耕地保护、产地环境、农业投入品、农药兽药残留等标准，强化农产品营养品质评价和分等分级。开展农业标准化示范创建，加快现代农业全产业链标准化。加强绿色食品、有机农产品、地理标志农产品认证和管理，建立健全农业品牌监管机制。

强化农产品质量安全监管。实施农产品质量安全保障工程，完善农产品质量安全全程监管体系，扩大农产品质量安全风险监测范围，强化基层监管和检验检测队伍建设，推行网格化监管和智慧监管。实施"治违禁 控药残 促提升"行动，基本解决禁限用农药兽药残留超标和非法添加等问题。加强农业投入品规范化管理，严格食用农产品种养殖、加工储运环节投入品监管。试行食用农产品达标合格证制度，健全追溯体系。

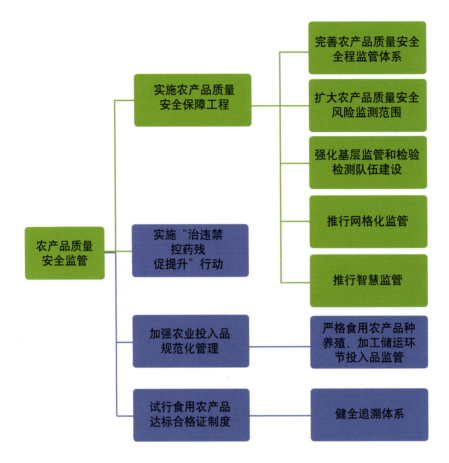

提升绿色发展支撑能力。加强国家农业绿色发展先行区建设,探索不同生态类型、不同主导品种的农业绿色发展典型模式。开展农业绿色发展长期固定观测。

政策链接 ●●●●●●●●●●●●●●●●●●●

"治违禁 控药残 促提升"计划

农业农村部、国家市场监督管理总局、公安部、最高人民法院、最高人民检察院、工业和信息化部、国家卫生健康委员会等七部门联合印发《食用农产品"治违禁 控药残 促提升"三年行动方案》（以下简称《方案》）。《方案》指出，治理的11个重点品种分别为："三棵菜"，豇豆、韭菜、芹菜；"一枚蛋"，鸡蛋；"一只鸡"，乌鸡；肉牛肉羊；"四条鱼"：大口黑鲈、乌鳢、鳊鱼、大黄鱼，各地可根据生产实际和监测情况增加治理品种。行动时间为2021年6月至2024年6月。

总的要求是，坚持以习近平新时代中国特色社会主义思想为指导，深入贯彻落实习近平总书记"四个最严""产出来""管出来"重要指示精神，针对禁限用农药、食品动物禁止使用的药品及其他化合物、产蛋期不得使用兽药、停用兽药（以下简称"禁限用药物"）使用问题以及常规农兽药残留超标问题，聚焦问题较为突出的11种农产品，采取"一个问题品种、一张整治清单、一套攻坚方案、一批管控措施"的"四个一"精准治理模式，力争用3年左右时间，生产方式进一步转型升级，绿色防控技术得到普遍应用，农药兽药使用更加科学合理，违法使用禁限用药物问题基本解决，常规农兽药残留超标问题有效遏制，生产销售的食用农产品符合食品安全国家标准，属地责任、监管责任、生产经营者主体责任进一步落实。

"四个一"

| 一个问题品种 | 一张整治清单 | 一套攻坚方案 | 一批管控措施 |

◇ **案例链接** ··· >>>

湖北宜昌植保粪污治理互联

　　湖北宜昌市夷陵区实施植保粪污治理互联，探索农业绿色发展新路径。宜昌市夷陵区是"两坝一峡"（三峡大坝葛洲坝和长江西陵峡）所在地，耕地面积52万亩，是柑橘、茶叶生产优势区，是全国生猪调出大县（区）、全省产粮大县（区）。三峡生态和农业供给使命交织，责任叠加。近年来，自然资源承载能力与日益增长的农业产能不相匹配，生猪稳产保供压力与畜禽粪便污染治理压力重叠，人民群众对生态绿色农产品的需求与传统农业"大肥大药"种植方式的矛盾日益凸显。夷陵区立足柑橘、茶叶、畜禽三大优势主导产业，着力推广绿色植保、畜禽粪污综合利用、有机肥替代化肥等技术模式，走出一条生态优先和农业绿色发展协同推进的"夷陵路径"。

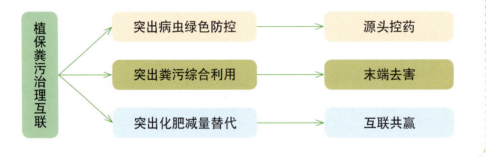

◇ **政策链接** ··· >>>

　　1.2021年1月4日，中央1号文件《中共中央　国务院关于全面推进乡村振兴加快农业农村现代化的意见》发布，文中指出：加强农产品质量和食品安全监管，发展绿色农产品、有机农产品和地理标志农产品，试行食用农产品达标合格证制度，推进国家农产品质量安全县创建。加强育种领域知识产权保护。加快健全现代农业全产业链标准体系，推动新型农业经营主体按标生产，培育农业龙头企业标准"领跑者"。深入推进农业结构调整，推动品种培优、品质提升、品牌打造和标准化生产。

实施新一轮高标准农田建设规划，提高建设标准和质量，健全管护机制，多渠道筹集建设资金，中央和地方共同加大粮食主产区高标准农田建设投入，2021年建设1亿亩旱涝保收、高产稳产高标准农田。健全农房建设质量安全法律法规和监管体制，3年内完成安全隐患排查整治。完善建设标准和规范，提高农房设计水平和建设质量。

2.2019年3月27日，农业农村部办公厅、财政部办公厅发布《关于做好2019年绿色循环优质高效特色农业促进项目实施工作的通知》农办计财〔2019〕22号，文中指出"目前我国乡村产业发展处于爬坡过坎阶段，产业融合发展不足，市场竞争力不强。发展绿色循环优质高效特色农业，有利于降低生产成本、促进适度规模经营、推进产业融合发展、做大做强农产品品牌，将特色资源优势转化为竞争优势，多层次、多领域提升我国特色农产品质量效益和竞争力，实现产品质量高、产业效益高、生产效率高、资源利用高、农民收入高，真正从增产导向转向提质导向。"

3.2019年2月20日，农业农村部、国家发展改革委印发《国家质量兴农战略规划（2018—2022年）》农发〔2019〕1号，文中指出"产业兴，则乡村兴。随着乡村振兴战略的实施，乡村产业对农业农村现代化的基础支撑作用更加凸显。实施质量兴农战略，提高农业发展质量和效益，有利于促进农业全面转型升级，增强发展的内生动力和可持续性，为乡村振兴提供新动能、开拓新局面。""坚持试点先行、逐步推开，培育壮大乡土经济、乡村产业，实现以产兴村、产村融合，提升农村产业融合发展质量和水平，到2022年培育和发展一批产业强、产品优、质量好、功能全、生态美的农业产业强镇，培育县域经济新动能。"

第二节　加强农业面源污染防治

持续推进化肥农药减量增效。深入开展测土配方施肥，持续优化肥料投入品结构，增加有机肥使用，推广肥料高效施用技术。积极稳妥推进高毒高风险农药淘汰，加快推广低毒低残留农药和高效大中型植保机械，因地制宜集成应用病虫害绿色防控技术。推进兽用抗菌药使用减量化，规范饲料和饲料添加剂生产使用。到2025年，主要农作物化肥、农药利用率均达到43%以上。

推广肥料高效施用技术	集成应用病虫害绿色防控技术	推进兽用抗菌药使用减量化
➢深入开展测土配方施肥 ➢持续优化肥料投入品结构 ➢增加有机肥使用	➢稳妥推进高毒高风险农药淘汰 ➢加快推广低毒低残留农药和高效大中型植保机械	➢规范饲料和饲料添加剂生产使用

循环利用农业废弃物。支持发展种养有机结合的绿色循环农业，持续开展畜禽粪污资源化利用，加强规模养殖场粪污治理设施建设，推进粪肥还田利用。全面实施秸秆综合利用行动，健全秸秆收储运体系，提升秸秆能源化、饲料化利用能力。加快普及标准地膜，加强可降解农膜研发推广，推进废旧农膜机械化捡拾和专业化回收。开展农药肥料包装废弃物回收利用。

畜禽粪污资源化利用	秸秆综合利用	农膜机械化捡拾和专业化回收	农药肥料包装废弃物回收利用

加强污染耕地治理。开展农用地土壤污染状况调查，实施耕地土壤环境质量分类管理。对轻中度污染耕地加大安全利用技术推广力度；对重度污染耕地实行严格管控，开展种植结构调整或在国家批准的规模和范围内实施退耕还林还草。深入实施耕地重金属污染防治联合攻关，加强修复治理和安全利用示范。巩固提升受污染耕地安全利用水平。

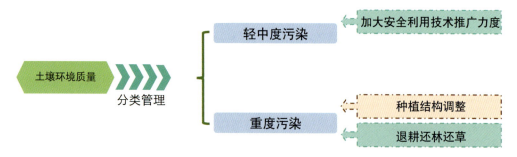

◇ **知识链接** ·· >>>

如何能够"点废成金""点草成金""点粪成金"？

乡村垃圾堆、秸秆堆、粪堆可以变成燃料、肥料、饲料、原料、基料、材料，也需要将植物、动物的"二物思维"转变为植物、动物、微生物的"三物思维"，开拓农业发展的新理念、新使命、新领域。利用微生物技术开发农村垃圾堆是"点废成金"、开发农作物秸秆等是"点草成金"、开发禽畜粪便是"点粪成金"。

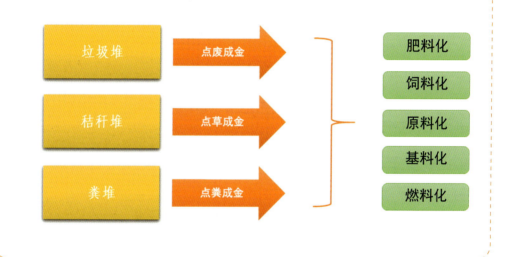

第三节 保护修复农村生态系统

强化农业资源保护。深入推进农业水价综合改革，健全节水激励机制，建立量水而行、以水定产的农业用水制度。发展节水农业和旱作农业，推进南水北调工程沿线农业深度节水。实施地下水超采综合治理。健全耕地轮作休耕制度。落实海洋渔业资源总量管理制度，完善捕捞限额管理和休渔禁渔制度，持续开展海洋捕捞渔民减船转产。严格保护管理珍贵濒危水生野生动物及其栖息地，严厉打击非法捕捞行为，持续开展渔业增殖放流，高标准建设海洋牧场。强化外来入侵物种防控。

推进重点区域生态环境保护。全面实施长江流域重点水域十年禁渔，推进以长江为重点的渔政执法能力建设，做好退捕渔民安置保障工作。推进长江水生生物资源和水域生态保护修复，实施中华鲟、长江江豚、长江鲟拯救行动计划。开展长江、黄河流域农业面源污染治理，实施深度节水控水行动。建立生态产品价值实现机制，在长江流域等开展试点。

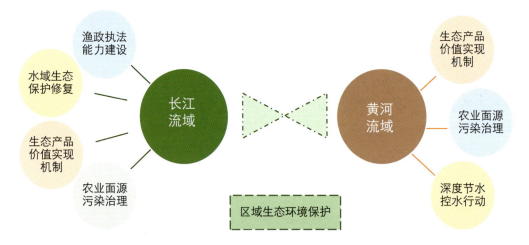

知识链接 ··············

EOD模式

　　EOD（Ecology-Oriented Development）模式是以生态保护和环境治理为基础，以特色产业运营为支撑，以区域综合开发为载体，采取产业链延伸、联合经营、组合开发等方式，推动收益性差的生态环境治理项目与收益较好的关联产业有效融合。

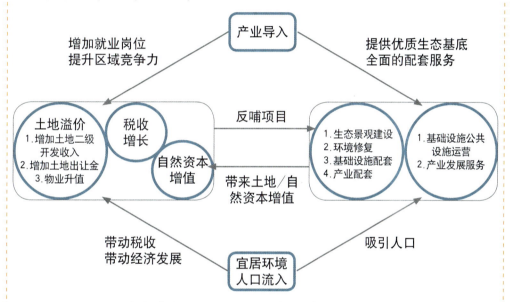

　　狭义的EOD模式其实主要就是将生态环境治理带来的经济价值内部化，以解决环保前期投入的资金问题。简单来说，EOD就是让绿水青山真正变成了金山银山。

路径："三步走"看EOD如何化绿水青山为金山银山

　　1.重构生态网络：通过环境治理、生态系统修复、生态网络构建，为城市发展创造了良好的生态基底，带动土地升值。

　　2.整体提升城市环境：通过完善公共设施、交通能力、城市布局优化、特色塑造等提升城市整体环境质量，为后续产业运营提供优质条件。

　　3.产业导入及人才引进：通过人口流入及产业发展激活区域经济，从而增加居民收入、企业利润和政府税收，最终实现自我强化的正反馈回报机制。

专栏7 农村生态文明建设工程

1.农业标准化提升
加快构建农业高质量生产的标准体系，制修订3000项农业领域国家和行业标准，建设300个现代农业全产业链标准集成应用基地，支持1000个地理标志农产品发展。建设一批生态农场。

2.农产品质量安全保障
强化基层监管手段条件建设，建设农产品质量安全指挥调度中心、基层监管服务站和监管实训基地，建设500个国家农产品质量安全县、1000个智慧监管试点。

3.农业面源污染治理
深入实施农药化肥减量行动，以东北地区为重点整县推进秸秆综合利用，在重点用膜区整县推进农膜回收，在畜禽养殖主产区持续推进粪污资源化利用，在水产养殖主产区推进养殖尾水治理。在长江经济带、黄河流域环境敏感区建设200个农业面源污染综合治理示范县。

4.耕地土壤污染防治
以耕地土壤污染防治重点县为重点，加强污染耕地土壤治理，对轻中度污染耕地落实农艺调控措施，严格管控重度污染耕地。

5.耕地轮作休耕制度试点
在东北冷凉区、北方农牧交错区、西北地区、黄淮海地区实施粮油、粮豆等轮作；在长江流域推行稻油、稻稻油轮作模式；在河北、黑龙江、新疆的地下水超采区实施休耕试点，集成推广一批不同地区用地养地结合技术模式。

6.水生生物资源养护行动
增殖放流各类水产苗种及珍贵濒危物种超过1000亿单位，实施水生生物物种保护行动计划，保护修复关键栖息地，科学开展迁地保护。建立长江水生生物资源及栖息地监测网络，实施长江生物完整性指数评价。建设一批国家级海洋牧场示范区。

7.长江禁捕等渔政执法能力建设
强化长江禁捕水域渔政执法监管能力，建设统一的渔政执法远程监控指挥调度系统，加强视频监控、雷达监控、渔政执法船艇（趸船）、无人机设施设备建设。持续开展中国渔政亮剑专项执法行动。

8.外来入侵物种防控
启动实施外来入侵物种全面调查，推动建设一批天敌繁育基地和综合防控示范区，因地制宜探索推广绿色防控技术模式。

7

CHAPTER SEVEN

第七章　加强和改进乡村治理
建设文明和谐乡村

以保障和改善农村民生为优先方向，突出组织引领、社会服务和民主参与，加快构建党组织领导的自治、法治、德治相结合的乡村治理体系，建设充满活力、和谐有序的善治乡村。

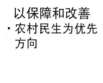

以保障和改善
· 农村民生为优先方向

加快构建
· 党组织领导的自治、德治、法治相结合的乡村治理体系

突出
· 组织引领、社会服务和民主参与

建设
· 充满活力、和谐有序的善治乡村

◇ **知识链接** >>>

农民富裕富足

| 农民发展问题 | 农民富裕富足问题 | 农民"富口袋"方面 | 农民"富脑袋"方面 |

农民发展问题。习近平总书记指出，农业农村农民问题是一个不可分割的整体。实施乡村振兴战略，要顺应农民新期盼，立足国情农情，推动农业全面升级、乡村全面进步、农民全面发展。学习领会习近平总书记重要论述和重要指示精神，推进中国特色农业农村现代化，必须坚持农民主体地位，在经济上维护农民利益，在政治上保障农民权利，激发农民积极性、主动性、创造性，不断满足农民对美好生活的向往。

激发农民积极性 **激发农民主动性** **激发农民创造性**

　　农民富裕富足问题。习近平总书记提出"两高两宜两富"重要论断中，农民发展的重要指示是"促进农民富裕富足"，就是要促进农民在生产上便利，旱涝保收；在生活上富裕，生活无忧；在生态上优美，山清水秀；在精神上富足，尊老爱幼。习近平总书记强调，共同富裕是人民群众物质生活和精神生活都富裕。促进农民发展，要坚持"富口袋"和"富脑袋"相结合，让农民的腰包鼓起来，让农民的生活品质提起来，更有获得感、幸福感、安全感。

两高两宜两富

促进农民富裕富足

在生产上	便利，旱涝保收
在生活上	富裕，生活无忧
在生态上	优美，山清水秀
在精神上	富足，尊老爱幼

　　农民"富口袋"方面。主要是农民科技文化素质大幅提高，生产经营能力显著增强，就业技能和就业质量明显提升，农村居民人均收入再迈上新的台阶，农村中等收入群体不断扩大，与乡村振兴相适应的高素质农民队伍基本形成。

农民科技文化素质	生产经营能力	就业技能和就业质量
农村居民人均收入	农村中等收入群体	高素质农民队伍

　　农民"富脑袋"方面。主要是社会主义核心价值观深入人心，乡土优秀传统文化繁荣发展，农村移风易俗取得积极成效，农民群众精气神提振起来，良好社会风尚蔚然成风，乡村社会文明程度达到新高度。

乡土优秀传统文化	农村移风易俗	农民群众精气神	良好社会风尚	乡村社会文明程度

第一节 完善乡村治理体系

加强农村基层组织建设。建立健全以基层党组织为领导、村民自治组织和村务监督组织为基础、集体经济组织和农民合作组织为纽带、其他经济社会组织为补充的村级组织体系。选优配强乡镇、村领导班子，持续向重点乡村选派驻村第一书记和工作队，发展农村年轻党员。完善村民（代表）会议制度和村级民主协商、议事决策机制，拓展村民参与村级公共事务平台。加强村务监督委员会建设，强化基层纪检监察组织与村务监督委员会的沟通协作、有效衔接，推行村级小微权力清单制度。推动乡村服务性、公益性、互助性社会组织健康发展。加强村级组织运转经费保障。

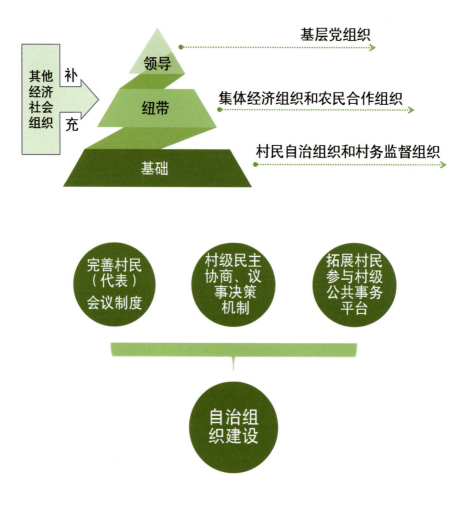

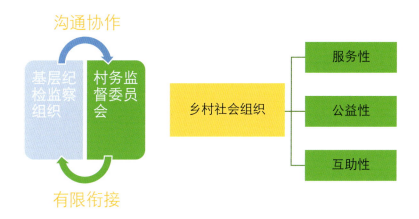

提升乡村治理效能。严格依法设定县级对乡镇赋权赋能范围，整合乡镇和县级部门派驻乡镇机构承担的职能相近、职责交叉工作事项，健全乡镇和县级部门联动机制，压实乡镇政府综合治理、安全生产等方面的责任。规范村级组织工作事务，减轻村级组织负担。健全乡村治理工作协同运行机制，深入开展乡村治理体系建设试点示范和乡村治理示范村镇创建，推广运用"积分制""清单制"等形式。建设法治乡村，创建民主法治示范村，培育农村学法用法示范户。

◇ **政策链接**

2020年8月4日,《中央农村工作领导小组办公室 农业农村部关于在乡村治理中推广运用积分制有关工作的通知》发布,并提出:按照党中央、国务院关于加强和改进乡村治理的部署要求,各地大力加强乡村治理体系和治理能力建设,积极推进乡村治理创新,一些地方采用积分制推进乡村治理,并取得了良好效果,涌现出一批好做法、好经验。实践证明,"积分制"可以有针对性地解决乡村治理中的重点难点问题,符合农村社会实际,具有很强的实用性、操作性,是推进乡村治理体系和治理能力现代化的有益探索。

为深入贯彻落实今年中央1号文件:推广乡村治理创新性典型案例经验要求和《中共中央办公厅、国务院办公厅关于加强和改进乡村治理的指导意见》,进一步创新乡村治理方式,在乡村治理中推广运用"积分制"。充分认识"积分制"在乡村治理中的积极作用,因地制宜在乡村治理工作中推广运用"积分制",并强化各级党委农村工作部门和农业农村部门组织领导。

深入推进平安乡村建设。坚持和发展新时代"枫桥经验",加强群防群治力量建设,巩固充实乡村人民调解组织队伍,创新完善乡村矛盾纠纷多元化、一站式解决机制。深化农村网格化管理服务,推进农村基层管理服务精细化。充分依托已有设施,提升农村社会治安防控体系信息化智能化水平。加强县乡村应急管理、交通消防安全体系建设,加强农村自然灾害、公共卫生、安全隐患等重大事件事故的风险评估、监测预警和应急处置。健全农村扫黑除恶常态化机制。

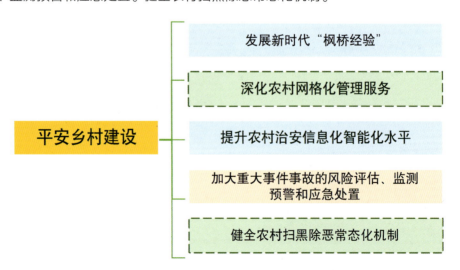

◇　**知识链接**

枫桥经验

　　"枫桥经验"是20世纪60年代初浙江省诸暨市枫桥镇干部群众创造的"发动和依靠群众，坚持矛盾不上交，就地解决，实现捕人少，治安好"的管理方式。枫桥经验成为全国政法战线一个脍炙人口的典型，后来得到不断发展，成为新时期把党的群众路线坚持好，贯彻好的典范。

"枫桥经验"之一

　　"小事不出村，大事不出镇，矛盾不上交，就地化解"。为此，枫桥在各居委会、村，甚至在一些重点企业都建立了相应的调解组织。近年，枫桥镇共成功调处民间纠纷1000多起，调处成功率达97.2%，其中80%的纠纷在村一级就得到了解决。此外，枫桥镇在健全普法工作网络的基础上，每年投入20多万元用于法制宣传教育，并对曾经有过违法行为的人员，坚持"不推一把拉一把，不帮一时帮一世"的原则。

"枫桥经验"之二

　　帮扶刑满释放人员。五年来，枫桥200多名刑满释放人员中，绝大部分人已成为自食其力的劳动者，改好率达99.15%，有的人成了致富能手，有的人还入了党，当上了村干部。

◇　**知识链接**

雪亮工程

　　"雪亮工程"是以县、乡、村三级综治中心为指挥平台、以综治信息化为支撑、以网格化管理为基础、以公共安全视频监控联网应用为重点的"群众性治安防控工程"。它通过三级综治中心建设把治安防范措施延伸到群众身边，发动社会力量和广大群众共同看视频监控，共同参与治安防范，从而真正实现治安防控"全覆盖、无死角"。因为"群众的眼睛是雪亮的"，所以称之为"雪亮工程"。

第二节　提升农民科技文化素质

健全农民教育培训体系。建立短期培训、职业培训和学历教育衔接贯通的农民教育培训制度，促进农民终身学习。充分发挥农业广播电视学校、农业科研院所、涉农院校、农业龙头企业等作用，引导优质教育资源下沉乡村，推进教育培训资源共建共享、优势互补。

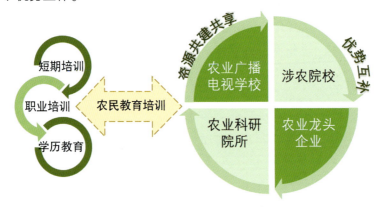

培育高素质农民队伍。以家庭农场主和农民合作社带头人为重点，加强高素质农民培育。加大农村实用人才培养力度，设立专门面向农民的技能大赛，选树一批乡村能工巧匠。实施农民企业家、农村创业人才培育工程。深化农业职业教育改革，扩大中高等农业职业教育招收农民学员规模。健全完善高等农业院校人才培养评价体系，定向培养一批农村高层次人才。

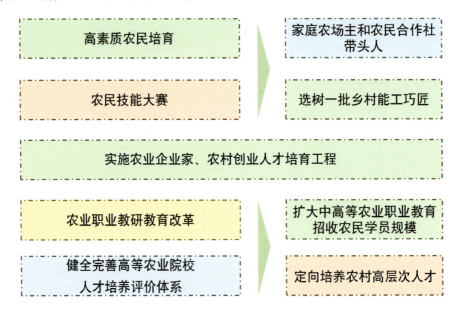

◇　**政策链接** ∙∙ >>>

1.2022年4月15日，农业农村部办公厅发布《**关于做好2022年高素质农民培育工作的通知**》**农办科〔2022〕10号**，文中指出："紧密围绕稳粮保供、巩固拓展脱贫攻坚成果同乡村振兴有效衔接，扎实推进乡村发展、乡村建设和乡村治理，重点面向家庭农场主、农民合作社带头人和种养大户，统筹推进新型农业经营和服务主体能力提升、种养加能手技能培训、农村创新创业者培养、乡村治理及社会事业发展带头人培育等行动，大力培养高素质农民队伍。全面保障稳粮扩油和'菜篮子'产品稳定供给。聚焦关键环节推进高质量发展。加强良种识别、选购和消费者权益保护等方面的培训，指导农民科学用种。支持农民提升受教育水平。"

2.2022年5月9日，**农业农村部、财政部联合印发《关于做好2022年农业生产发展等项目实施工作的通知》农计财发〔2022〕13号**，文中指出："按照中央1号文件部署要求，2022年中央财政安排农业生产发展资金、农业资源及生态保护补助资金、动物防疫等补助经费、渔业发展补助资金，支持深化农业供给侧结构性改革，加快农业农村现代化建设，全面推进乡村振兴。"

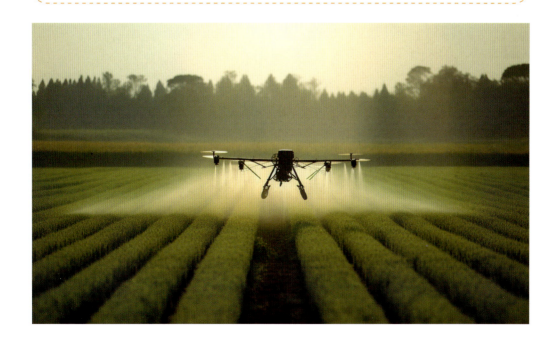

第三节 加强新时代农村精神文明建设

加强农村思想道德建设。以农民群众喜闻乐见的方式，深入开展习近平新时代中国特色社会主义思想学习教育，开展党史、新中国史、改革开放史、社会主义发展史宣传教育，加强爱国主义、集体主义、社会主义教育，弘扬和践行社会主义核心价值观，建设基层思想政治工作示范点，培养新时代农民。实施公民道德建设工程，拓展新时代文明实践中心建设，深化群众性精神文明创建活动，让精神引领和道德力量深度融入乡村治理。加强农村青少年思想道德教育。面向农村开展送理论、送文明、送服务、送人才活动。

- 深入开展习近平新时代中国特色社会主义思想学习教育
- 实施公民道德建设工程
- 加强农村青少年思想道德教育
- 面向农村开展送理论、送文明、送服务、送人才活动

　　繁荣发展乡村优秀文化。深入实施农耕文化传承保护工程，加强农业文化遗产发掘认定和转化创新。加强历史文化名村名镇、传统村落、少数民族特色村寨、传统民居、农村文物、地名文化遗产和古树名木保护。继承发扬优秀传统乡土文化，建设乡村非物质文化遗产传习所（点）。振兴传统农业节庆，办好中国农民丰收节。创新实施文化惠民工程，加强乡镇综合文化站、村综合文化中心、文体广场等基层文化体育设施建设。实施智慧广电固边工程和乡村工程，在民族地区推广普及有线高清交互数字电视机顶盒，完善基层应急广播体系。发展乡村特色文化产业，健全支持开展群众性文化活动机制，满足农民群众多样化、多层次、多方面的精神文化需求。

实施农耕文化传承保护工程
- 加强农业文化遗产发掘认定和转化创新
- 继承发扬优秀传统乡土文化
- 振兴传统农业节庆

创新实施文化惠民工程
- 加强乡镇综合文化站、村综合文化中心、文体广场等基层文化体育设施建设

实施智慧广电固边工程和乡村工程
- 完善基层应急广播体系
- 发展乡村特色文化产业，健全支持开展群众性活动机制，满足农民群众多样化、多层次、多方面的精神文化需求

繁荣发展乡村优秀文化

持续推进农村移风易俗。 开展专项文明行动，革除高价彩礼、人情攀比、厚葬薄养、铺张浪费等陈规陋习。加强农村家庭、家教、家风建设，倡导敬老孝亲、健康卫生、勤俭节约等文明风尚。深化文明村镇、星级文明户、文明家庭创建。建立健全农村信用体系，完善守信激励和失信惩戒机制。加快在农村普及科学知识，反对迷信活动。依法管理农村宗教事务，加大对农村非法宗教活动和境外渗透活动的打击力度，依法制止利用宗教干预农村公共事务。

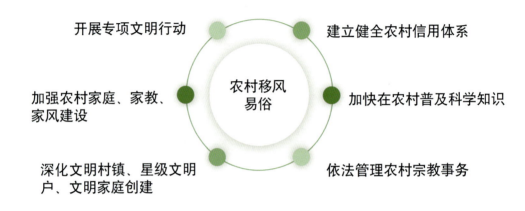

知识链接 ◇ .... >>>

文明村镇

文明镇是以提高城镇文明程度、居民素质和生活质量为目标，经济发展、风尚良好、环境优美、秩序优良、服务优质、管理优化，两个文明建设有机结合、协调发展的先进城镇，是经自我考评、申报，各级精神文明建设委员会考核评选，由县级以上党委、政府批准命名的综合性荣誉称号。

文明村是以提高农民素质和文明程度，创造良好的农村社会与生活环境，提高农民的富裕程度和生活质量，加快实现农业农村现代化步伐为目标，以广泛开展群众性精神文明创建活动为基本特征，物质文明、政治文明、精神文明有机结合协调发展的先进村，是同级党委、政府命名的综合性最高荣誉。

文明村镇的4个级别： 全国文明村镇、省级文明村镇、市级文明村镇、县级文明村镇。

专栏8 现代乡村治理体系建设工程

1.农村基层党组织负责人培养培训计划

加大从本村致富能手、外出务工经商返乡人员、本乡本土大学毕业生、退役军人中培养选拔村党组织带头人力度，通过多种方式为每个村储备村级后备力量。鼓励有条件的地方探索村干部专业化管理。开展农村基层干部乡村振兴主题培训。加大在青年农民、外出务工经商人员、妇女中发展党员的力度。

2.村级事务阳光工程

完善党务、村务、财务"三公开"制度，梳理村级事务公开清单，及时公开组织建设、公共服务、工程项目等重大事项，健全村务档案管理制度，推广村级事务"阳光公开"监管平台。规范村级会计委托代理制，加强农村集体经济组织审计监督，开展村干部任期和离任经济责任审计。

3.乡村治理试点示范行动

探索共建共治共享治理体制、乡村治理与经济社会协同发展机制、乡村治理组织体系、党组织领导的自治法治德治相结合路径，完善基层治理方式和村级权力监管机制，创新村民议事协商形式。

4.平安乡村建设行动

推进农村社会治安防控体系建设，加强农村警务工作，推行"一村一辅警"机制，扎实开展智慧农村警务室建设。深入推进乡村"雪亮工程"建设。依法加大对农村非法宗教活动、邪教活动的打击力度，整治乱建宗教活动场所。

5.高素质农民培育工程

实施高素质农民培育计划和百万乡村振兴带头人学历提升行动，推介100所涉农人才培养优质院校，培育300万名高素质农民，每年培训2万名农村实用人才带头人。

8

CHAPTER EIGHT

第八章　实现巩固拓展脱贫攻坚成果
同乡村振兴有效衔接

大力弘扬脱贫攻坚精神，做好巩固拓展脱贫攻坚成果同乡村振兴有效衔接，增强脱贫地区内生发展能力，让脱贫群众过上更加美好的生活，逐步走上共同富裕的道路。

- 弘扬 · 脱贫攻坚精神
- 巩固 · 拓展脱贫攻坚成果同乡村振兴有效衔接
- 增强 · 脱贫地区内生发展能力
- 逐步 · 走上共同富裕道路

就是实现巩固拓展脱贫攻坚成果同乡村振兴有效衔接，扎实推动共同富裕

 巩固拓展脱贫攻坚成果

 提升脱贫地区整体发展水平

"一个衔接"

 健全农村低收入人口和欠发达地区帮扶机制

第一节　巩固提升脱贫攻坚成果

过渡期内保持主要帮扶政策总体稳定。严格落实"摘帽不摘责任、不摘政策、不摘帮扶、不摘监管"要求。保持兜底救助类政策稳定，落实教育、医疗、住房等民生保障普惠性政策，优化产业就业等发展类政策。适时组织开展巩固脱贫成果后的评估工作，将巩固拓展脱贫攻坚成果纳入市县党政领导班子和领导干部推进乡村振兴战略实际考核范围，坚决守住不发生规模性返贫的底线。

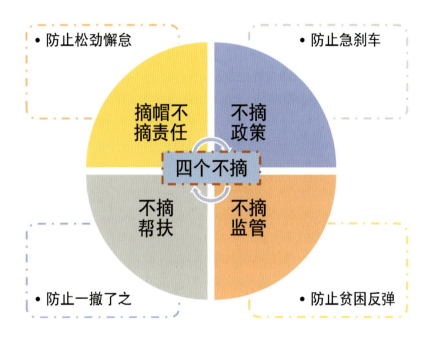

保持
- 兜底救助类政策稳定

落实
- 教育、医疗、住房等民生保障普惠性政策

优化
- 产业就业等发展类政策

健全防止返贫动态监测和精准帮扶机制。对脱贫不稳定户、边缘易致贫户，以及因病因灾因意外事故等导致基本生活出现严重困难户，开展常态化监测预警，建立健全快速发现和响应机制，分层分类及时纳入帮扶政策范围，开展定期核查，实行动态清零。

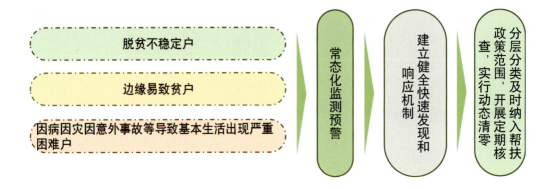

脱贫不稳定户

边缘易致贫户

因病因灾因意外事故等导致基本生活出现严重困难户

常态化监测预警

建立健全快速发现和响应机制

分层分类及时纳入帮扶政策范围，开展定期核查，实行动态清零

巩固"两不愁三保障"成果。巩固教育扶贫成果，健全控辍保学工作机制。巩固健康扶贫、医保扶贫成果，有效防范因病返贫致贫风险。稳步扩大乡村医疗卫生服务覆盖范围。落实分类资助参保政策，做好脱贫人口参保动员工作。建立农村脱贫人口住房安全动态监测机制，保障低收入人口基本住房安全。巩固维护好已建农村供水工程成果，不断提升农村供水保障水平。

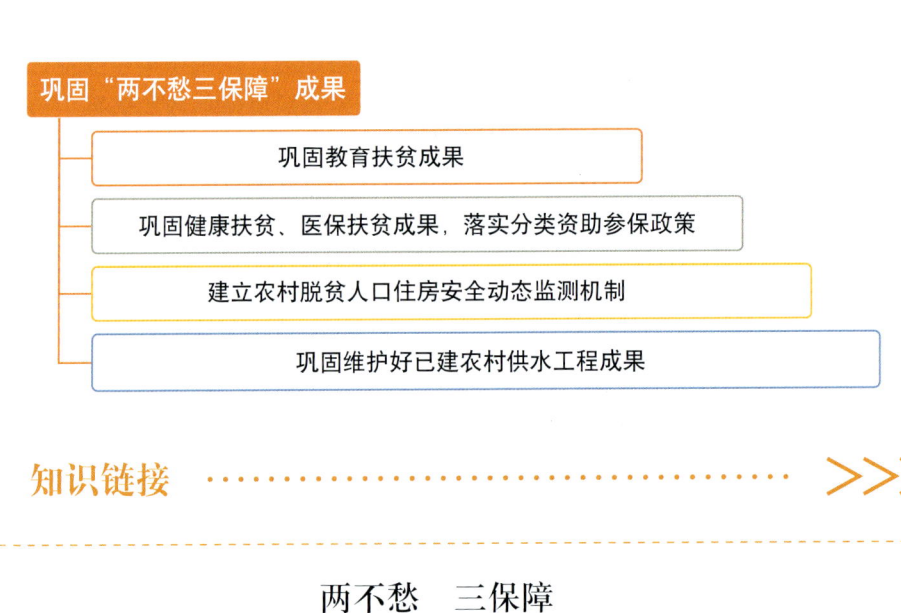

巩固"两不愁三保障"成果

巩固教育扶贫成果

巩固健康扶贫、医保扶贫成果，落实分类资助参保政策

建立农村脱贫人口住房安全动态监测机制

巩固维护好已建农村供水工程成果

◆　**知识链接** ············· >>>>>

两不愁　三保障

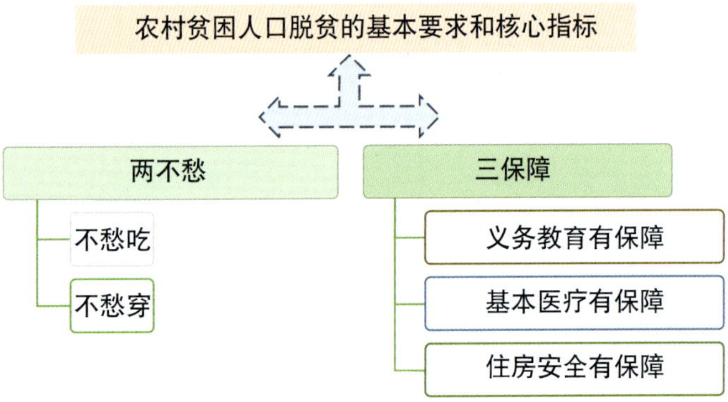

"两不愁"就是稳定实现农村贫困人口不愁吃、不愁穿；"三保障"就是保障其义务教育、基本医疗和住房安全，是农村贫困人口脱贫的基本要求和核心指标。

农村贫困人口脱贫的基本要求和核心指标

两不愁　　　　三保障

不愁吃　　　　义务教育有保障
不愁穿　　　　基本医疗有保障
　　　　　　　住房安全有保障

　　2021年2月25日宣布我国脱贫攻坚战取得了全面胜利，在现行标准下有9899万农村贫困人口全部脱贫，832个贫困县全部摘帽，12.8万个贫困村全部出列，区域性整体贫困得到解决，完成了消除绝对贫困的艰巨任务，两不愁三保障全面实现。

　　重点抓好关键"五看"，着力解决"两不愁、三保障"的突出问题。

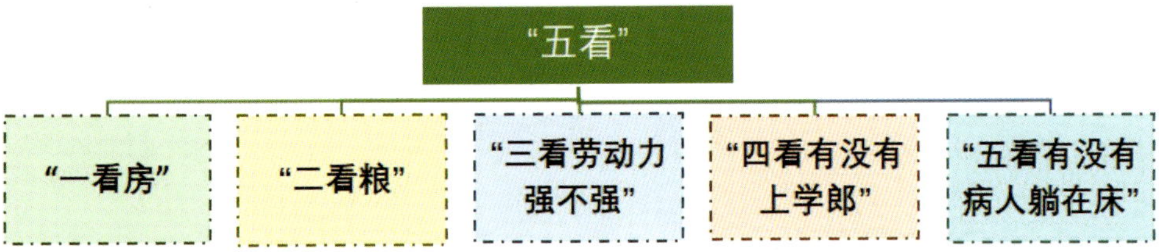

"五看"

"一看房"　"二看粮"　"三看劳动力强不强"　"四看有没有上学郎"　"五看有没有病人躺在床"

　　强化易地扶贫搬迁后续扶持。聚焦原深度贫困地区、大中型集中安置区，从就业需要、产业发展和后续配套设施提升等方面，完善后续扶持政策体系，持续巩固易地搬迁脱贫成果。多措并举提高搬迁群众务工就业和自主创业能力，确保有劳动力的搬迁家庭至少有一人实现就业。完善安置区配套基础设施和公共服务设施，提升社区管理服务水平。

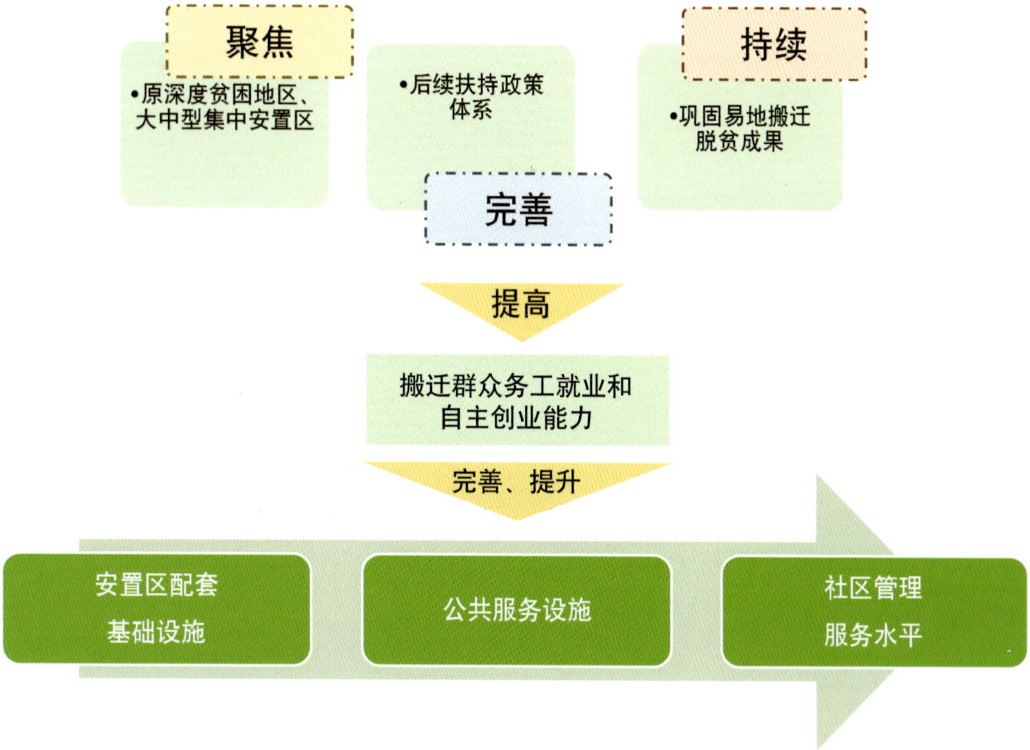

聚焦
・原深度贫困地区、大中型集中安置区

・后续扶持政策体系

持续
・巩固易地搬迁脱贫成果

完善

提高

搬迁群众务工就业和自主创业能力

完善、提升

安置区配套基础设施

公共服务设施

社区管理服务水平

加强扶贫项目资产管理。对脱贫攻坚期内形成的扶贫项目资产进行全面摸底，按照经营性资产、公益性资产、到户类资产等分类建立管理台账。明确扶贫项目资产产权主体管护责任，引导受益主体参与管护，探索多样化的资产运营和管理模式。规范收益分配，确保扶贫项目资产在巩固拓展脱贫攻坚成果、接续推进乡村振兴中持续发挥效益。

扶贫项目资产

明确　资产产权主体管护责任

引导　受益主体参与管护

探索　多样化的资产运营和管理模式

第二节 提升脱贫地区整体发展水平

推动脱贫地区特色产业可持续发展。实施脱贫地区特色种养业提升行动，完善全产业链支持措施，加强产业发展设施条件建设。建立产业技术顾问制度，组建专家队伍长期跟踪帮扶。拓展脱贫地区农产品销售渠道，完善线上线下销售渠道体系，支持销售企业、电商、批发市场与脱贫地区精准对接。深化拓展消费帮扶。

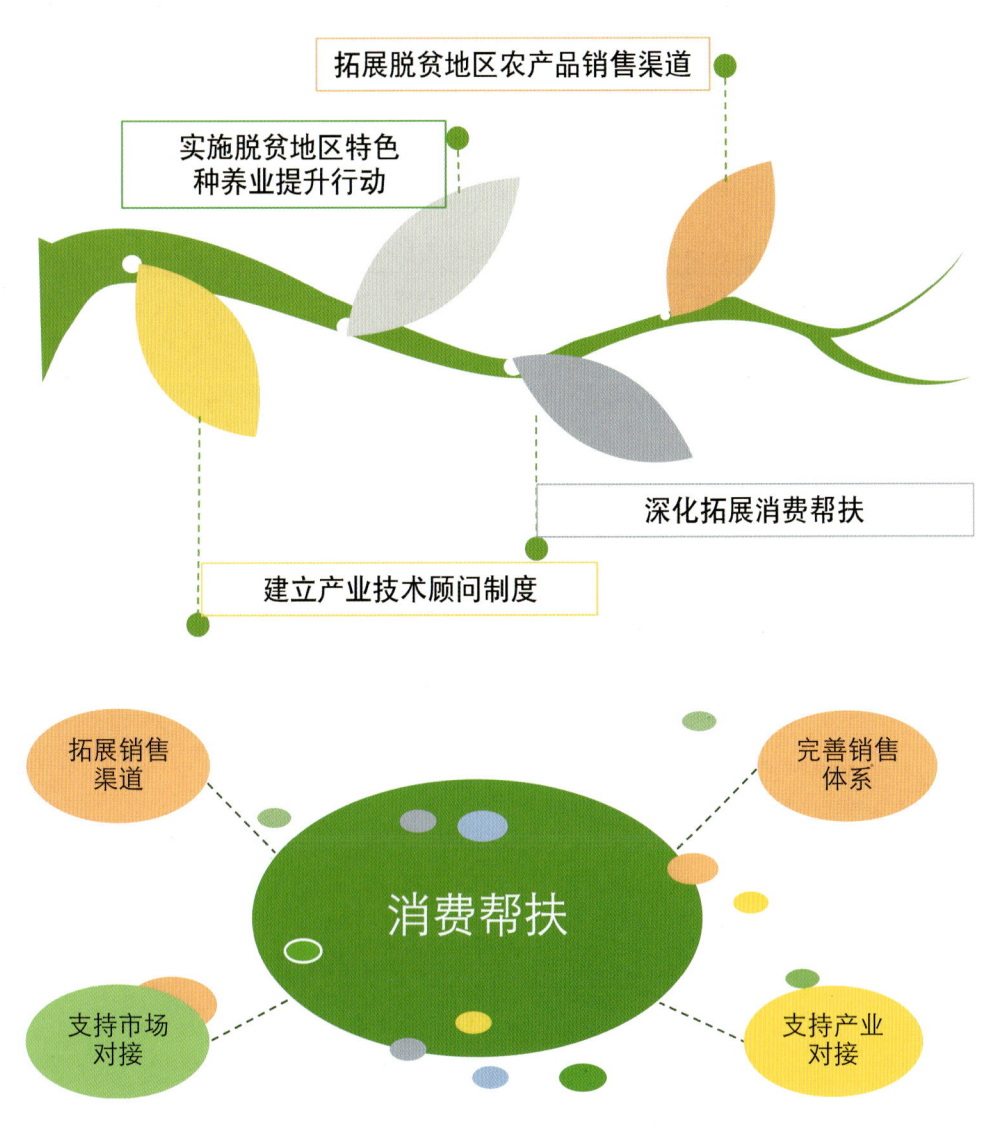

拓展脱贫地区农产品销售渠道

实施脱贫地区特色种养业提升行动

建立产业技术顾问制度

深化拓展消费帮扶

拓展销售渠道

完善销售体系

消费帮扶

支持市场对接

支持产业对接

◇　**案例链接** ·· >>>

小孟村　大梦想

　　河北邢台隆尧小孟村，全村4830人，8417亩耕地。历经7年，小孟村在"变"字上，做强"产业振兴"的大文章，现在，正在努力实现"产业兴旺、生态宜居、乡风文明、治理有效、生活富裕"，曾获得全国乡村特色产业示范村镇。

　　小孟村近几年发展迅猛，俨然已成为带动周边现代农业发展的辐射轴心，2020年瓜蔬年总产量3000万多公斤，带动本村农户600余户。2021年新建温室大棚20个，实现瓜果常年供应，助力现代农业升级换代。

　　小孟村大棚产业采用"党支部＋公司＋农户"方式，打造了"统一流转土地、统一建棚、统一育苗、统一管理、统一销售，分配到户经营"的发展模式，既保证了农产品的质量，又充分调动了种植户的积极性。一方面吸纳全村农户入股分红增收，另一方面为本村及周边村有劳动能力的人口提供就业岗位，安排到蔬菜大棚和批发市场中打工，变输血为造血，带动农户增收奔富。

　　如今的小孟村发展正迎来上升期，有几大优势：一是隆尧县成立的以小孟村为中心的隆尧县北方现代农业园区，发展大棚500亩以上；二是通过村村联建，园区小孟村、火连庄、胡家庄、后岳村4个村组建了园区党总支，统筹基层发展合力，并与河北省、北京市相关单位开展党建共建。三是与河北邢台现代职业学校、隆尧教育局成立了教育实习基地，开展深层次的技术对接，为公司发展提供稳定技术支撑。

　　党旗永远飘扬在小孟村的田间地头。小村孕育的大梦想，一定会在建成小康社会的大道上实现。

促进脱贫人口稳定就业。稳定和扩大脱贫地区农村劳动力转移就业，大规模开展职业技能培训，加大有组织劳务输出力度。统筹用好乡村公益岗位，延续扶贫车间支持政策。支持农村中小型公益性基础设施建设，扩大以工代赈实施范围和建设领域。建立农民在乡务工就业监测制度，跟踪掌握农民就业状况。

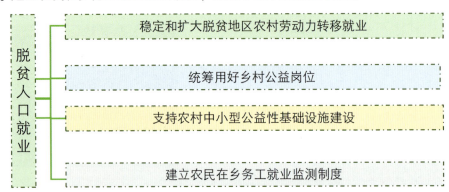

改善脱贫地区发展条件。扩大脱贫地区基础设施建设覆盖面，促进县域内整体提升。在脱贫地区重点谋划建设一批高速公路、客货共线铁路、水利、电力、机场、通信网络等区域性和跨区域重大基础设施建设工程。持续支持脱贫地区人居环境整治提升和农村道路、中小型水利工程、县乡村三级物流体系、农村电网等基础设施建设，推进农村客运发展。进一步提升脱贫地区义务教育、医疗卫生等公共服务水平，普遍增加公费师范生培养供给，实施订单定向免费医学生培养，加大中央倾斜支持脱贫地区医疗卫生机构基础设施建设和设备配备力度。

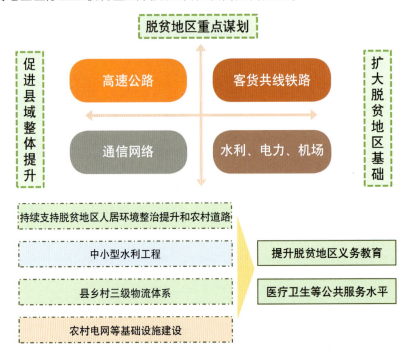

◇　**知识链接** ································· >>>

何为小农户"五小"产业？

　　农户通过大力发展小庭院、小家禽、小手工、小买卖、小作坊等"短平快"增收小产业，大力发展小菜园、小果园、小花园、小公园，大力发展小乡景、小乡品、小乡厨、小乡味，通过"小产业"实现大增收。坚持种植不足养殖补、养殖不足劳务补，抓重点、补"短板"、强弱项，有效增加小农户收入途径，巩固脱贫成果，让"副"业变"富"业，家业变成产业，小众变成产业，自发变成自觉，成为群众就业增收的"香饽饽"。

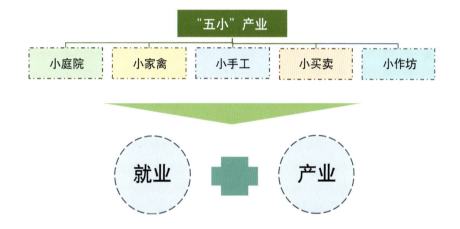

知识链接

扶贫车间

　　扶贫车间是新的扶贫平台，又叫"社区工厂""卫星工厂"，是以带动脱贫为宗旨，解决农户尤其是贫困户就近就业问题，是企业、农民专业合作社、种养大户、家庭农场、农村电商、农村新型生产经营主体等集中吸纳贫困户家庭成员就业，从事工农业产品加工、手工工艺、种养殖等生产活动或加工业务的生产加工点。扶贫车间主要包括利用乡村闲置土地、房屋创办的厂房式扶贫车间和分散加工的居家式扶贫车间等模式。

新型经营主体

企业、农民专业合作社、种养大户、家庭农场……

集中吸纳贫困户家庭成员就业

从事工农业产品加工、手工工艺、种养殖等生产活动或加工业务的生产加工点

扶贫车间 → 乡村闲置土地　　房屋创办的厂房式扶贫车间　　分散加工的居家式扶贫车间

第三节　健全农村低收入人口和欠发达地区帮扶机制

健全低收入人口常态化帮扶机制

开展农村低收入人口动态监测

坚持开发式帮扶，帮助其通过发展产业、参与就业

健全最低生活保障制度

集中支持乡村振兴重点帮扶县

对西部地区160个国家乡村振兴重点帮扶县给予集中支持

支持各地自主选择部分脱贫县作为乡村振兴重点帮扶县

对乡村振兴重点帮扶县进行定期监测评估

支持欠发达地区巩固脱贫攻坚成果和乡村振兴

加大对欠发达地区财政转移支付力度

支持革命老区、民族地区、边疆地区巩固脱贫攻坚成果和乡村振兴

加快抵边村镇和边境农场建设，多措并举解决高海拔地区农牧民生产生活困难

完善东西部协作和对口支援机制

坚持和完善东西部协作机制

健全中央党政机关和国有企事业单位等定点帮扶机制

扎实推进"万企兴万村"行动

健全低收入人口常态化帮扶机制。开展农村低收入人口动态监测，完善分类帮扶机制。对有劳动能力的农村低收入人口，坚持开发式帮扶，帮助其通过发展产业、参与就业，依靠双手勤劳致富。对脱贫人口中完全丧失劳动能力或部分丧失劳动能力且无法通过产业就业获得稳定收入的人口，按规定纳入农村低保或特困人员救助供养范围。健全最低生活保障制度，完善农村特困人员救助供养制度和残疾儿童康复救助制度，夯实医疗救助托底保障。

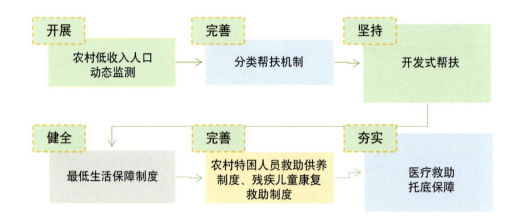

集中支持乡村振兴重点帮扶县。统筹整合各方资源，强化投入保障，对西部地区160个国家乡村振兴重点帮扶县给予集中支持，尽快补齐区域发展短板。支持各地自主选择部分脱贫县作为乡村振兴重点帮扶县。建立跟踪监测机制，对乡村振兴重点帮扶县进行定期监测评估。

财政支持

金融支持

　　支持欠发达地区巩固脱贫攻坚成果和乡村振兴。加大对欠发达地区财政转移支付力度，持续改善欠发达地区农村基础设施条件和公共服务水平。支持革命老区、民族地区、边疆地区巩固脱贫攻坚成果和乡村振兴，改善边疆地区农村生产生活条件，加快抵边村镇和边境农场建设。多措并举解决高海拔地区农牧民生产生活困难。

欠发达地区

- 加大财政转移支付力度
- 改善欠发达地区农村基础设施条件和公共服务水平

支持 ▶ 革命老区、民族地区、边疆地区巩固脱贫攻坚成果和乡村振兴

改善 ▶ 边疆地区农村生产生活条件

解决 ▶ 高海拔地区农牧民生产生活困难

人才支持　　　　　　　　　　公共服务支持

支持革命老区　　　　支持民族地区　　　　支持边疆地区

深入推进东西部协作和社会力量帮扶。坚持和完善东西部协作机制，加强产业合作、资源互补、劳务协作、人才交流，推进产业梯度转移，鼓励东西部共建产业园区。健全中央党政机关和国有企事业单位等定点帮扶机制，对东西部协作和定点帮扶成效进行考核评价。加大社会力量参与力度，扎实推进"万企兴万村"行动。

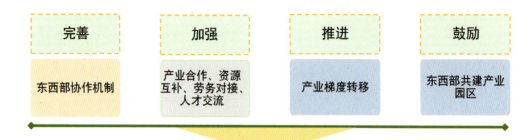

完善	加强	推进	鼓励
东西部协作机制	产业合作、资源互补、劳务对接、人才交流	产业梯度转移	东西部共建产业园区

健全
· 中央党政机关和国有企事业单位等定点帮扶机制

· 对东西部协作和定点帮扶成效进行考核评价

加大
· 社会力量参与力度

· 扎实推进"万企兴万村"行动

知识链接 ··

扎实推进重点帮扶县乡村特色产业高质量发展

高质量发展内涵丰富，对于乡村特色产业而言，就是要深入贯彻新发展理念，紧紧围绕"科技水平高、创新成为第一动力，产业链条长、协调成为内生特点，业态类型多、绿色成为普遍形态，引资范围宽、开放成为必由之路，联农带农紧、共享成为根本目的"总要求，推进乡村特色产业更好发展、更深拓展、更大提升，为农业高质高效、乡村宜居宜业、农民富裕富足贡献力量，更好地满足人们日益增长的美好生活需要。

深入贯彻新发展理念

围绕

| 科技水平高 创新成为第一动力 | 产业链条长 协调成为内生特点 | 业态类型多 绿色成为普遍形态 |

联农带农紧、共享成为根本目的 ← 引资范围宽 开放成为必由之路

推进

**乡村特色产业更好发展、更深拓展、更大提升，
为农业高质高效、乡村宜居宜业、农民富裕富足贡献力量**

◇ **知识链接** ····················· >>>

"万企兴万村"

开展"万企兴万村"行动是党中央立足我国农业农村发展实际、着眼民营企业特色优势做出的重要决策，是乡村振兴战略的组成部分，是构建新发展格局的推动力量，是促进"两个健康"的重要抓手。

2022年1月4日，《中共中央、国务院关于做好2022年全面推进乡村振兴重点工作的意见》中提出：广泛动员社会力量参与乡村振兴，深入推进"万企兴万村"行动。

（一）巩固拓展"万企帮万村"成果

巩固拓展"万企帮万村"成果是巩固拓展脱贫攻坚成果的重要举措，是接续开展"万企兴万村"行动的重要基础。要认真贯彻落实"五年过渡期"要求，在继续保持原"万企帮万村"精准扶贫行动的结对帮扶关系总体稳定的前提下，真正做到摘帽不摘责任、摘帽不摘政策、摘帽不摘帮扶、摘帽不摘监管。各级行动领导小组要保持支持服务力度不减，指导帮扶企业帮助原帮扶对象脱贫不返贫。

要立足当前，着眼长远，下大力气支持服务"万企帮万村"产业帮扶项目行稳致远，做优项目，做强企业，拓展帮扶成果。要继续教育引导帮扶企业与农民建立合作关系，筑牢村企合作共赢的长效机制。鼓励合作经营好的企业扩大规模，引导规模经营的企业帮助更多村并向一二三产业融合发展，接续开展"万企兴万村"行动，探索促进村庄发展的长效机制。

（二）开展"回报家乡"专项行动

充分发挥民营企业家熟乡情、重亲情、懂管理、善经营、有实力、讲信誉、受尊重、乐奉献等优势特点，教育引导民营企业继续弘扬"义利兼顾、以义为先"光彩理念，积极到乡（民族乡、镇）、村（含行政村、自然村）等投资兴业，支持举办各项社会事业，用看得见、摸得着、感受得到的丰硕成果回报家乡、造福桑梓。

（三）东西部协作和其他活动

有东西部协作和对口支援任务的省份，要组织引导民营企业在东西部协作和对口支援机制下跨省域参与"万企兴万村"行动，引导东部地区民营企业到西部地区开展帮扶。对东西部协作和对口支援机制内受帮扶地区提出的对接民营企业的需求，帮扶地区要努力帮助解决。各地可根据本地实际，依托省内对口帮扶平台，组织引导民营企业积极参与省域内"富帮穷　强帮弱"工作。鼓励民营企业设立乡村振兴产业发展基金、公益基金等，参与乡村产业发展和公益帮扶等。要注重发挥商会、企业联盟等组织的作用，鼓励企业之间开展协作和联合，发挥集团优势，助力乡村振兴。继续鼓励民营企业开展消费帮扶，拓宽农产品销售渠道。

◇ 案例链接 ·············· >>>

从"万企帮万村"到"万企兴万村"的乡村振兴青州模式

强化政治引领在乡村振兴路上把方向、抓全局

山东潍坊青州市工商联强化政治引领，高质量完成"万企帮万村"，2021年转段提升为"万企兴万村"，率先发出《倡议书》，带领民营企业下沉镇村寻找"商机"，镇村积极迎合达成合作"契机"，"万企兴万村"助力乡村振兴方向明、路子实、成效明显。

打造"工商资本+"模式

山东潍坊青州市鼓励引导民营企业积极参与工商资本下乡，工商联搭建金融服务、人才人力、学习培训、法治营商、商会互动五个服务平台，发展"工商资本+合作社""工商资本+景区开发""工商资本+康养""工商资本+产学研"等"工商资本+"模式，打造工商资本下乡助力乡村振兴的"青州模式"。2020年有46个企业项目被列入工商资本下乡重点项目库，累计完成投资51.5亿元。

实施"三步工作法"万企兴万村

双推双选结对子。按照"企业自愿申请，镇街和商会审核，工商联和相关部门备案；村自愿申请，镇街审核，市工商联和农业农村局备案"的原则，建立村企结对台账。双联双促抓推动。村企结对后，工商联与镇街、职能部门主动联合，跟踪服务，在信息推送、政策帮扶、手续办理等方面给予完全支持。通过村企联建、党建联建，激发村企发展原动力，实现乡村兴、企业兴，村级党组织强、民营企业党建强，结出双兴双强硕果。

专栏9 巩固拓展脱贫攻坚成果工程

1.特色种养业提升行动

组织脱贫县编制特色种养业发展规划，加快农产品仓储保鲜、冷链物流设施建设，持续推进特色农产品品牌创建和产销精准对接。

2.以工代赈工程

因地制宜在脱贫地区实施一批投资规模小、技术门槛低、前期工作简单、务工技能要求不高的农业农村基础设施建设项目，优先吸纳已脱贫户特别是脱贫不稳定户、边缘易致贫户和其他农村低收入人口参与工程建设。

3.乡村振兴重点帮扶县集中支持

从财政、金融、土地、人才、基础设施建设、公共服务等方面，加大对西部地区160个国家乡村振兴重点帮扶县的支持力度，增强其区域发展能力。

4.东西部协作

加大帮扶资金投入，加强产业合作，共建产业园区，推动产业梯度转移。建立健全劳务输出精准对接机制，有序转移西部地区劳动力到东部地区就业。东部地区继续选派干部、教师、医生、农技人员等到西部地区帮扶。

5.定点帮扶

发挥中央单位人才、信息、资源等优势，创新帮扶举措，帮助定点帮扶县特别是国家乡村振兴重点帮扶县发展特色主导产业，拓展农产品销售渠道，继续选派挂职干部，强化当地人才培养。

6."万企兴万村"行动

聚焦乡村产业和乡村建设，引导民营企业引领做大做强脱贫地区优势特色产业，积极参与农村基础设施建设和公共服务提升，带动更多资源和要素投向乡村。

CHAPTER NINE

第九章　深化农业农村改革　健全城乡融合发展体制机制

聚焦激活农村资源要素，尊重基层和群众创造，加快推进农村重点领域和关键环节改革，促进城乡要素平等交换、双向流动，促进要素更多地向乡村集聚，增强农业农村发展活力。

深化农业农村改革
健全城乡融合发展机制

聚焦激活农村资源要素

尊重基层和群众创造

加快推进农村重点领域和关键环节改革

促进城乡要素平等交换、双向流动

促进要素更多向乡村集聚

增强农业农村发展活力

第一节　畅通城乡要素循环

推进县域内城乡融合发展。统筹谋划县域产业、教育、医疗、养老、环保等政策体系，加快推进县乡村公共基础设施建设运营管护一体化。赋予县级更多资源整合使用权，强化县城综合服务能力，增强县城集聚人口功能，推进以县城为重要载体的城镇化建设，促进农民在县域内就近就业、就地城镇化。积极推进扩权强镇，规划建设一批重点镇，把乡镇建设成为服务农民的区域中心。

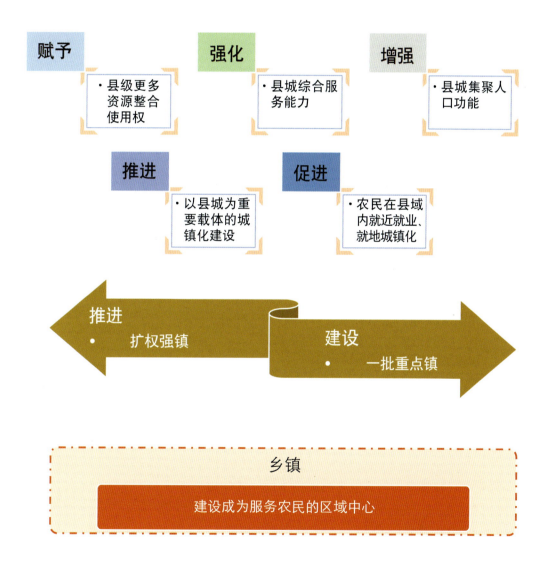

促进城乡人力资源双向流动。建立健全乡村人才振兴体制机制，完善人才引进、培养、使用、评价和激励机制。建立健全城乡人才合作交流机制，推进城市教科文卫体等工作人员定期服务乡村。允许入乡就业创业人员在原籍地或就业创业地落户并享受相关权益，建立科研人员入乡兼职兼薪和离岗创业制度。健全农业转移人口市民化配套政策体系，完善财政转移支付与农业转移人口市民化挂钩相关政策，建立城镇建设用地年度指标分配同吸纳农村转移人口落户数量和提供保障性住房规模挂钩机制，促进农业转移人口有序有效融入城市。依法保障进城落户农民农村土地承包权、宅基地使用权、集体收益分配权，建立农村产权流转市场体系，健全农户"三权"市场化退出机制和配套政策。

建立健全乡村人才振兴体制机制

| 完善 | 人才引进、培养、使用、评价和激励机制 |

建立健全城乡人才合作交流机制

| 推进 | 城市教科文卫体等工作人员定期服务乡村 |
| 允许 | 入乡就业创业人员在原籍地或就业创业地落户并享受相关权益 |

建立科研人员入乡兼职兼薪和离岗创业制度

| 健全 | 农业转移人口市民化政策体系 |

完善财政转移支付与农业转移人口市民化挂钩相关政策

| 加快推动 | 农业转移人口有序有效融入城市 |

优化城乡土地资源配置。建立健全城乡统一的建设用地市场，规范交易规则，完善有偿使用制度，构建统一的自然资源资产交易平台，纳入公共资源交易平台体系。规范开展城乡建设用地增减挂钩，完善审批实施程序、节余指标调剂及收益分配机制。完善盘活农村存量建设用地政策，实行负面清单管理，优先保障乡村产业发展、乡村建设用地。依据国土空间规划，以乡镇或村为单位开展全域土地综合整治。鼓励对依法登记的宅基地等农村建设用地进行复合利用，发展休闲农业、乡村民宿、农产品初加工、农村电商等。建立土地征收公共利益认定机制，缩小土地征收范围，规范征地程序。保障和规范农村一二三产业融合发展用地，鼓励各地根据地方实际和农村产业业态特点探索供地新方式。探索建立补充耕地指标跨区域交易机制。

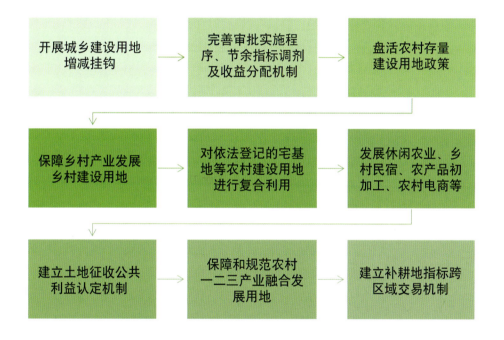

215

引导社会资本投向农业农村。深化"放管服"改革，持续改善乡村营商环境，引导和鼓励工商资本投入现代农业、乡村产业、生态治理、基础设施和公共服务建设。建立社会资本投资农业农村指引目录制度，发挥政府投入引领作用，支持以市场化方式设立乡村振兴基金，撬动金融资本、社会力量参与，重点支持乡村产业发展。在不新增地方政府隐性债务前提下，引导银行业金融机构把农村基础设施建设作为投资重点，拓展乡村建设资金来源渠道，加大对农村基础设施建设的信贷支持力度。引导大中型银行进一步下沉服务重心，优化县域网点设置。

深化"放管服"改革
- 持续改善乡村营商环境
- 引导和鼓励工商资本投入现代农业、乡村产业、生态治理、基础设施和公共服务建设

建立社会资本投资农业农村指引目录制度
- 以市场化方式设立乡村振兴基金
- 重点支持乡村产业发展

引导银行业金融机构把农村基础设施建设作为投资重点
- 拓展乡村建设资金来源渠道
- 加大对农村基础设施建设的信贷支持力度
- 优化县域网点设置

知识链接

"放管服"

"放管服"，就是简政放权、放管结合、优化服务的简称。"放"即简政放权，降低准入门槛。"管"即创新监管，促进公平竞争，利用新技术新体制加强监管体制创新。"服"即高效服务，营造便利环境。

"放" 中央政府下放行政权，减少没有法律依据和法律授权的行政权；厘清多个部门重复管理的行政权。**"管"** 政府部门要创新和加强监管职能，利用新技术新体制加强监管体制创新。**"服"** 转变政府职能减少政府对市场进行干预，将市场的事推向市场来决定，减少对市场主体过多的行政审批等行为，降低市场主体的市场运行的行政成本，促进市场主体的活力和创新能力。简政放权是民之所望、施政所向。

◇ **案例链接** ·················· >>>

农业银行创新推出"央企兴村贷"金融服务模式

为深入贯彻党中央、国务院关于全面推进乡村振兴、促进农民农村共同富裕的决策部署，近日，在国务院国资委指导支持下，农业银行创新出台《中国农业银行"央企兴村贷"金融服务模式行动方案》（以下简称《行动方案》），从思路目标、重点领域、配套产品、政策措施和推动落实五个方面，大力支持国资央企投资乡村振兴并做好配套金融服务。

《行动方案》聚焦国资央企投资乡村振兴金融需求，创新推出"央企兴村贷"金融服务模式，即农业银行在与国务院国资委战略合作协议框架下，秉持长期合作、优势互补、互利共赢、创新发展的原则，对国务院国资委监管投资乡村振兴的中央企业、中央企业带动的产业链条上各类涉农主体，提供优先信贷支持和线上线下综合金融服务，政企银联动共同服务乡村振兴，促进共同富裕。

第二节　深化农村产权制度改革

稳步推进农村承包地"三权分置"改革。有序开展第二轮土地承包到期后再延长30年试点，保持农村土地承包关系稳定并长久不变。丰富集体所有权、农户承包权、土地经营权的有效实现形式，发展多种形式适度规模经营。加强农村土地承包合同管理，完善农村土地承包信息数据库和应用平台，建立健全农村土地承包经营权登记与承包合同管理的信息共享机制。探索建立土地经营权流转合同网签制度，健全土地经营权流转服务体系。

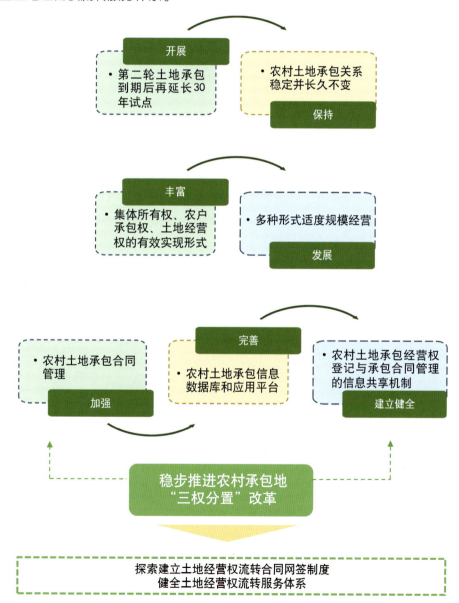

◇ **知识链接** ··

"三权分置"

　　"三权"就是指农村土地的所有权、承包权、经营权。"所有权"归"农村集体"所有，"承包权"归签订承包合同的农民所有，"经营权"则是农村土地流转后负责经营土地的人所有。农村土地所有权、承包权、经营权分置简称"三权分置"。

　　稳慎推进农村宅基地制度改革。深化农村宅基地制度改革试点，加快建立依法取得、节约利用、权属清晰、权能完整、流转有序、管理规范的农村宅基地制度。探索宅基地所有权、资格权、使用权分置有效实现形式。保障农村集体经济组织成员家庭作为宅基地资格权人依法享有的权益，防止以各种形式非法剥夺和限制宅基地农户资格权。尊重农民意愿，积极稳妥盘活利用农村闲置宅基地和闲置住宅。规范开展房地一体的宅基地确权登记颁证，加强登记成果共享应用。完善农村宅基地统计调查制度，建立全国统一的农村宅基地数据库和管理信息平台。

- 深化农村宅基地制度改革试点
- 探索宅基地所有权、资格权、使用权分置有效实现形式
- 保障农村集体经济组织成员家庭作为宅基地资格权人依法享有的权益
- 积极稳妥盘活利用农村闲置宅基地和闲置住宅
- 规范开展房地一体的宅基地确权登记颁证
- 完善农村宅基地统计调查制度

　　稳妥有序推进农村集体经营性建设用地入市。在符合国土空间规划、用途管制和依法取得的前提下，积极探索实施农村集体经营性建设用地入市制度，明确农村集体经营性建设用地入市范围、主体和权能。严格管控集体经营性建设用地入市用途。允许农村集体在农民自愿前提下，依法把有偿收回的闲置宅基地、废弃的集体公益性建设用地转变为集体经营性建设用地入市。健全集体经济组织内部的增值收益分配制度，保障进城落户农民土地合法权益。

农村集体经营性建设用地入市

探索	• 实施农村集体经营性建设用地入市制度
明确	• 农村集体经营性建设用地入市范围、主体和权能
管控	• 集体经营性建设用地入市用途
允许	• 农村集体在农民自愿前提下，依法把有偿收回的闲置宅基地、废弃的集体公益性建设用地转变为集体经营性建设用地入市
健全	• 集体经济组织内部的增值收益分配制度
保障	• 进城落户农民土地合法权益

第三节 完善农业支持保护制度

优化农业补贴政策。强化高质量发展和绿色生态导向，构建新型农业补贴政策体系。调整优化"绿箱""黄箱"和"蓝箱"支持政策，提高农业补贴政策精准性、稳定性和时效性。加强农产品成本调查，深化调查数据在农业保险、农业补贴、市场调控等领域的应用。

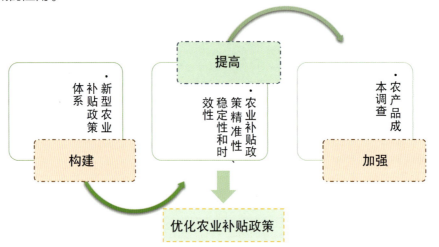

◇ **知识链接** ·· >>>

"三箱"政策

"黄箱"政策（Amber Policies），农业协定将产生贸易扭曲、需减让承诺的国内支持政策称"黄箱"政策，要求各成员方用综合支持量（Aggregate Measurement of Support，简称AMS）来计算其措施的货币价值，并以此为尺度，逐步予以削减。

根据《农业协议》将那些对生产和贸易产生扭曲作用的政策称为"黄箱"政策措施，要求成员方必须进行削减。"黄箱"政策措施主要包括：价格补贴，营销贷款，面积补贴，牲畜数量补贴，种子、肥料、灌溉等投入补贴，部分有补贴的贷款项目。

"蓝箱"政策（Blue Box Policies）农业协定中对一系列条款的通行表达方式。这些条款规定与限产计划相关的支付可免予减让承诺（如休耕地差额补贴）。

"蓝箱"措施（Blue Box Measures）是指一些与生产限制计划相联系的直接支付的"黄箱措施"支持，被称为"蓝箱"的特殊措施，可得到免除减让。

"绿箱"政策（Green Box Policies）用来描述在乌拉圭回合农业协定下不需要作出减让承诺的国内支持政策的术语。这些政策对贸易只产生极小的影响。政策包括：科研、技术推广、食品安全储备、自然灾害救济、环境保护和结构调整计划。

健全政府投入保障机制。推动建立"三农"财政投入稳定增长机制，继续把农业农村作为一般公共预算优先保障领域，加大中央财政转移支付支持农业农村力度。制定落实提高土地出让收入用于农业农村比例考核办法，确保按规定提高用于农业农村的比例。督促推进各地区各部门进一步完善涉农资金统筹整合长效机制。加大地方政府债券支持农业农村力度，用于符合条件的农业农村领域建设项目。

建立"三农"财政投入稳定增长机制	把农业农村作为一般公共预算优先保障领域	加大中央财政转移支付支持农业农村力度
制定落实提高土地出让收入用于农业农村比例考核办法		确保按规定提高用于农业农村的比例
推进各地区各部门进一步完善涉农资金统筹整合长效机制	加大地方政府债券支持农业农村力度	用于符合条件的农业农村领域建设项目

健全农村金融服务体系。完善金融支农激励机制，鼓励银行业金融机构建立服务乡村振兴的内设机构。支持涉农信用信息数据库建设，基本建成新型农业经营主体信用体系。扩大农村资产抵押担保融资范围，提高农业信贷担保规模，引导金融

机构将新增可贷资金优先支持县域发展。加快完善中小银行和农村信用社治理结构，保持农村中小金融机构县域法人地位和数量总体稳定。实施优势特色农产品保险奖补政策，鼓励各地因地制宜发展优势特色农产品保险。稳妥有序推进农产品收入保险，健全农业再保险制度。发挥"保险＋期货"在服务乡村产业发展中的作用。

完善金融支农激励机制
- 鼓励银行业金融机构建立服务乡村振兴的内设机构

支持涉农信用信息数据库建设
- 基本建成新型农业经营主体信用体系

扩大农村资产抵押担保融资范围
- 提高农业信贷担保规模，引导金融机构将新增可贷资金优先支持县域发展

加快完善中小银行和农村信用社治理结构
- 保持农村中小金融机构县域法人地位和数量总体稳定

实施优势特色农产品保险奖补政策
- 鼓励各地因地制宜发展优势特色农产品保险

稳妥有序推进农产品收入保险
- 健全农业再保险制度

 案例链接

金融为产业活血

甘肃省农业农村厅建立了全省特色产业发展工程贷款项目库，共向银行推荐1865家龙头企业，累计发放特色产业发展工程贷款1270亿元，扶持壮大500多家加工龙头企业，提升了农产品加工水平。定西市蓝天马铃薯公司与多家银行合作推出保购担保贷款业务，有效地解决了合作社会员和农户"无抵押、融资难"的问题。

河北省制定《河北省农业产业化联合体支持政策创新试点工作方案》；新疆生产建设兵团出台了《兵团南疆设施农业奖补政策》《兵团南疆林果业发展奖补政策》等政策，新疆不仅减免了重点企业15%的企业所得税，并对一些项目贷款给予100%贴息补贴。

第四节　协同推进农村各项改革

深化农村集体产权制度改革，完善产权权能，将经营性资产量化到集体经济组织成员，有效盘活集体资产资源，发展壮大新型农村集体经济。开展集体经营性资产股份自愿有偿退出试点。深化供销合作社综合改革。深入推进农垦垦区集团化、农场企业化改革，加强农垦国有农用地保护、管理和合理利用。继续深化集体林权、国有林区林场、草原承包经营制度改革。扎实推进农村综合改革。推动农村改革试验区集成创新，拓展试验内容，发挥好先行先试、示范引领作用。

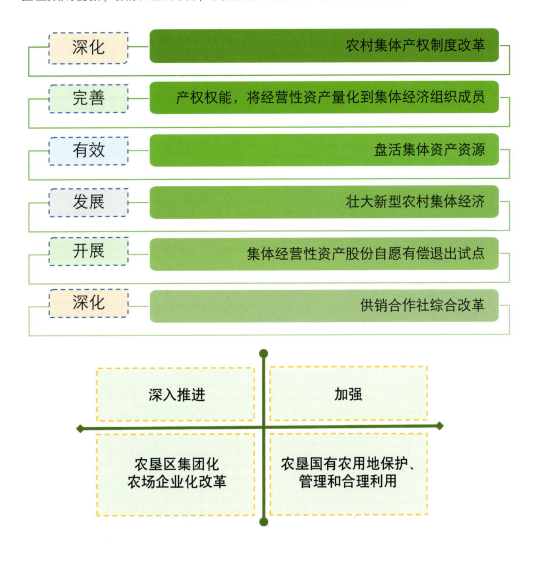

继续深化

· 集体林权、国有林区林场、草原承包经营制度改革

推动	拓展	发挥
农村改革试验区集成创新	试验内容	先行先试、示范引领作用

第五节　扩大农业对外开放

发挥共建"一带一路"在扩大农业对外开放合作中的重要作用，深化多双边农业合作。加强境外农业合作园区和农业对外开放合作试验区建设。围绕粮食安全、气候变化、绿色发展、水产等领域，积极参与全球农业科技合作，建设上海合作组织农业技术交流培训示范基地。建设农业国际贸易高质量发展基地、农产品国家外贸转型升级基地、农业特色服务出口基地，推进农业服务贸易发展。深度参与世界贸易组织涉农谈判和全球粮农治理。如期完成全球人道主义应急仓库和枢纽建设任务。

专栏10　新一轮农村改革推进重大工程

1.县乡村基本公共服务一体化试点示范

在东、中、西部和东北地区选择一批县（市、区），开展县乡村基本公共服务一体化试点示范，赋予县级更多资源整合使用权，推动县乡村基本公共服务功能衔接互补。

2.农村宅基地改革试点

在全国104个县（市、区）以及3个地级市开展新一轮农村宅基地制度改革试点，探索落实宅基地所有权、保障宅基地农户资格权和农民房屋财产权、适度放活宅基地和农民房屋使用权的具体路径和办法。

3.农村改革试验区集成创新

开展农村改革试验区建设行动，集中力量建设一批农村集成改革示范区、农业农村高质量发展改革示范区和乡村善治改革示范区。开展农村改革试点成果转化行动，推介100个农村改革创新案例。

4.乡村招才引智行动

建立城市人才定期服务乡村制度，每年引导10万名左右优秀教师、医生、科技人员、社会工作者等服务脱贫地区、边疆民族地区和革命老区。

5.乡村振兴金融服务行动

推动金融机构在县域布设一批网点，不断优化扩大县域网点覆盖面，开发一批适合农业农村特点的金融产品和服务，推进农业保险提标扩面。

10

CHAPTER TEN

第十章　健全规划落实机制
保障规划顺利实施

坚持和加强党对"三农"工作的全面领导，健全中央统筹、省负总责、市县乡抓落实的农村工作领导体制，调动各方面资源要素，凝聚全社会力量，扎实有序推进中国特色农业农村现代化。

1 坚持和加强党对"三农"工作的全面领导

2 健全中央统筹、省负总责、市县乡抓落实的农村工作领导体制

3 调动各方面资源要素，凝聚全社会力量

4 扎实有序推进中国特色农业农村现代化

第一节　加强组织领导

建立农业农村部、国家发展改革委牵头的农业农村现代化规划实施推进机制，制定年度任务清单和工作台账，明确任务分工，统筹研究解决规划实施过程中的重要问题，推进重大建设项目，跟踪督促规划各项任务落实，重要情况及时向国务院报告。各省（自治区、直辖市）依照本规划，结合实际制定本地区农业农村现代化推进规划或方案，明确目标任务，细化政策措施。各部门要根据规划任务分工，强化政策配套，协同推进规划实施。

- 建立农业农村部、国家发展改革委牵头的农业农村现代化规划实施推进机制
- 制定年度任务清单和工作台账
- 结合实际制定本地区农业农村现代化推进规划或方案
- 强化政策配套，协同推进规划实施

建立农业农村部、国家发展改革委牵头的农业农村现代化规划
实施推进机制

制定规划实施年度任务清单和工作台账

结合实际制定地方
规划或方案

各省（自治
区、直辖市）

明确目标任务

细化政策措施

推进规划落实

第二节　强化规划衔接

发挥本规划对农业农村发展的战略导向作用，聚焦本规划确定的农业农村现代化目标任务，在种植业、畜牧业、渔业和农业绿色发展、农业农村科技、农产品冷链物流设施、数字农业农村等重点领域，制定实施一批农业农村专项规划，推动项目跟着规划走、资金和要素跟着项目走。加强农业农村发展规划管理，建立农业农村规划目录清单制度。建立健全规划衔接协调机制，农业农村领域各专项规划须与本规划衔接。

第三节 动员社会参与

　　搭建社会参与平台，构建政府、市场、社会协同推进农业农村现代化的工作格局。调动基层干部和农民群众的积极性、主动性、创造性，发挥工会、共青团、妇联、科协等群团组织和各民主党派、工商联、无党派人士积极作用，凝聚推进农业农村现代化的强大合力。建设农业农村发展新型智库，健全专家决策咨询制度。宣传一批做出了杰出贡献的农民、科技工作者、企业家、基层干部等，营造良好社会氛围。

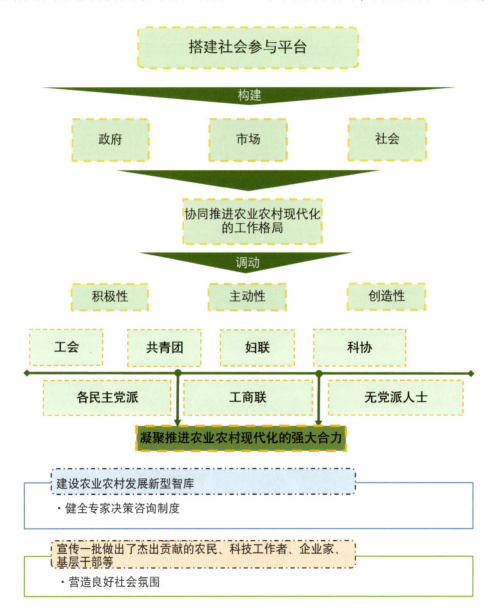

第四节　健全法治保障

　　建立健全农业农村法律规范体系，推动涉农重点法律法规制修订工作。深化农业综合行政执法改革，健全农业综合行政执法体系。实施农业综合行政执法能力提升行动，加大执法人员培训力度，改善执法装备条件，加强执法信息化建设。强化农业农村普法宣传，推动法律法规进农村，切实维护农民群众合法权益，营造办事依法、遇事找法、解决问题用法、化解矛盾靠法的法治环境。

第五节 加强考核评估

完善规划实施监测评估机制，加强年度监测分析、中期评估和总结评估全过程管理。建立健全跟踪考核机制，把规划实施情况纳入实施乡村振兴战略实绩考核，压实规划实施责任。健全规划、财政、金融等政策协调和工作协同机制，强化各类政策对规划实施的保障支撑。开展农业农村现代化监测，评价各地农业农村现代化进程和规划实施情况。

完善规划实施监测评估机制
- 加强年度监测分析、中期评估和总结评估全过程管理

建立健全跟踪考核机制
- 把规划实施情况纳入实施乡村振兴战略实绩考核
- 压实规划实施责任

健全规划、财政、金融等政策协调和工作协同机制
- 强化各类政策对规划实施的保障支撑

开展农业农村现代化监测
- 评价各地农业农村现代化进程和规划实施情况

◆ **政策链接** ··············

2022年2月22日，中共中央、国务院发布《关于做好2022年全面推进乡村振兴重点工作的意见》，文件指出，牢牢守住保障国家粮食安全和不发生规模性返贫两条底线，突出年度性任务、针对性举措、实效性导向，充分发挥农村基层党组织领导作用，扎实有序做好乡村发展、乡村建设、乡村治理重点工作，推动乡村振兴取得新进展、农业农村现代化迈出新步伐。

附录

APPENDIX

"十四五"推进农业农村现代化规划

"十四五"推进农业农村现代化规划

国发〔2021〕25号

2022年02月11日发布

"三农"工作是全面建设社会主义现代化国家的重中之重。为贯彻落实《中华人民共和国国民经济和社会发展第十四个五年规划和2035年远景目标纲要》，坚持农业农村优先发展，全面推进乡村振兴，加快农业农村现代化，编制本规划。

第一章　开启农业农村现代化新征程

"十四五"时期是我国全面建成小康社会、实现第一个百年奋斗目标之后，乘势而上开启全面建设社会主义现代化国家新征程、向第二个百年奋斗目标进军的第一个五年，"三农"工作重心历史性转向全面推进乡村振兴，加快中国特色农业农村现代化进程。

第一节　发展环境

"十三五"时期，以习近平同志为核心的党中央坚持把解决好"三农"问题作为全党工作的重中之重，把脱贫攻坚作为全面建成小康社会的标志性工程，启动实施乡村振兴战略，加快推进现代农业建设，乡村振兴实现良好开局。**决战脱贫攻坚取得全面胜利**。现行标准下农村贫困人口全部脱贫，832个贫困县全部摘帽，12.8万个贫困村全部出列，完成了消除绝对贫困和区域性整体贫困的艰巨任务，创造了人类减贫史上的奇迹。**农业综合生产能力稳步提升**。粮食连年丰收，产量连续保持在1.3万亿斤以上，肉蛋奶、水产品、果菜茶品种丰富、供应充裕。农业科技进步贡献率达到60%，农作物耕种收综合机械化率达到71%，农业绿色发展迈出新步伐。**农民收入水平大幅提高**。农村居民人均可支配收入达到17131元，较2010年翻一番多。城乡居民收入差距缩小到2.56：1。**农村基础设施建设得到加强**。卫生厕所普及率达到68%，具备条件的乡镇和建制村通硬化路、通客车实现全覆盖，供水供电、通信网络等基础设施明显改善，乡村面貌焕然一新。**农村改革纵深推进**。农村基本经营制度进一步巩固完善，农村土地、集体产权、经营体制等改革取得突破性进展，乡村治理体系基本建立，农村社会保持和谐稳定。这些成就标志着农业农村发展实现新的跨越，站到新的历史起点上，为"十四五"时期加快推进农业农村现代化奠定了坚实基础。

当前和今后一个时期，国内外环境发生深刻复杂变化，我国农业农村发展仍面临不少矛盾和挑战。**农业基础依然薄弱**。耕地质量退化面积较大，育种科技创新能力不足，抗风险能力较弱。资源环境刚性约束趋紧，农业面源污染仍然突出。转变农业发展方式任务繁重，农村一二三产业融合发展水平不高，农业质量效益和竞争力不强。**农村发展存在短板弱项。**制约城乡要素双向流动和平等交换的障碍依然存在，人才服务乡村振兴保障机制仍不健全，防汛抗旱等防灾减灾体系还不完善，基础设施仍有明显薄弱环节，民生保障还存在不少弱项。**促进农民持续增收面临较大压力。**城乡居民收入差距仍然较大。种养业特别是粮食种植效益偏低，农民就业制约因素较多，农村人口老龄化加快，农村精神文化缺乏，支撑农民增收的传统动能逐渐减弱、新动能亟待培育。**巩固拓展脱贫攻坚成果任务比较艰巨。**脱贫地区产业发展基础仍然不强，内生动力和自我发展能力亟待提升。部分脱贫户脱贫基础还比较脆弱，防止返贫任务较重。

"十四五"时期，我国开启全面建设社会主义现代化国家新征程，为加快农业农村现代化带来难得机遇。**政策导向更加鲜明。**全面实施乡村振兴战略，农业支持保护持续加力，多元投入格局加快形成，更多资源要素向乡村集聚，将为推进农业农村现代化提供有力保障。**市场驱动更加强劲。**构建新发展格局，把扩大内需作为战略基点，国内超大规模市场优势不断显现，农村消费潜力不断激发，农业多种功能、乡村多元价值开发带动新消费需求，将为推进农业农村现代化拓展广阔空间。**科技支撑更加有力。**新一轮科技革命和产业变革深入发展，生物技术、信息技术等加快向农业农村各领域渗透，乡村产业加快转型升级，数字乡村建设不断深入，将为推进农业农村现代化提供动力支撑。**城乡融合更加深入。**以工补农、以城带乡进一步强化，工农互促、城乡互补、协调发展、共同繁荣的新型工农城乡关系加快形成，城乡要素双向流动和平等交换机制逐步健全，将为推进农业农村现代化注入新的活力。

综合判断，"十四五"时期是加快农业农村现代化的重要战略机遇期，必须加强前瞻性思考、全局性谋划、战略性布局、整体性推进，以更高的站位、更大的力度、更实的举措，书写好中华民族伟大复兴的"三农"新篇章。

第二节　发展特征

推进农业农村现代化，必须立足国情农情特点。我国实行农村土地农民集体所有、家庭承包经营的农村基本经营制度，从根本上保证广大农民平等享有基本生产资料，为实现共同富裕奠定了坚实基础。超大规模人口、超大规模农产品需求的现实，决定了不能依靠别人，必须立足国内解决14亿人吃饭问题。农民数量众多且流动性强，保持农村长期稳定、保障广大农民在城乡间可进可退，是我们应对经济社会发展风险挑战的回旋余地和特殊优势。人均水土资源匮乏且匹配性差，实现稳产丰产，必须加快科技进步，用现代物质技术装备弥补水土资源禀赋的先天不足。

推进农业农村现代化，必须立足农业产业特性。农业生产过程受自然力影响大，既要顺应天时，又要遵循生物生长规律，不误农时高效稳定组织生产。农业生产地域特色鲜明，不同地区资源禀赋差异大，需要因地因时制宜发展特色优势产业。农业生产面临双重风险，既有自然风险，也有市场风险，需要加强农业支持保护，强化防灾减灾能力建设，健全完善市场调控体系。农业家庭经营占主导地位，大国小农基本国情农情将长期存在，需要加快发展社会化服务，将现代生产要素导入小农户，提升科技水平和生产效率。农业科技成果运用具有很强外部性，小农户缺乏采用新技术、新品种的能力，实现科技进步需要更多依靠农业企业和社会化服务组织的引领带动。我国农业产业链和价值链仍处于低端，需要加快提升现代化水平，打造全产业链，拓展农业增值增效空间。

推进农业农村现代化，必须立足乡村地域特征。村庄集生产生活功能于一体，需要统筹考虑产业发展、人口布局、公共服务、土地利用、生态保护等，科学合理规划农村生产生活的空间布局和设施建设。村庄风貌各具特色，不能简单照搬城市做法，要保留民族特点、地域特征、乡土特色。村庄与自然生态融为一体，保留大量优秀传统乡土文化，需要发掘乡村多元价值，推动乡村自然资源增值，赓续传承农耕文明，促进传统农耕文化与现代文明融合发展，让乡村文明展现出独特魅力和时代风采。乡村建设是个长期过程，必须保持历史耐心，规划先行，注重质量，从容推进。

第三节 战略导向

实现农业农村现代化是全面建设社会主义现代化国家的重大任务，要将先进技术、现代装备、管理理念等引入农业，将基础设施和基本公共服务向农村延伸覆盖，提高农业生产效率、改善乡村面貌、提升农民生活品质，促进农业全面升级、农村全面进步、农民全面发展。

立足国内基本解决我国人民吃饭问题。把保障粮食等重要农产品供给安全作为头等大事，既保数量，又保多样、保质量，以国内稳产保供的确定性来应对外部环境的不确定性，牢牢守住国家粮食安全底线。

巩固和完善农村基本经营制度。坚持农村土地农民集体所有、家庭承包经营基础性地位不动摇，保持农村土地承包关系稳定并长久不变，处理好农民和土地的关系，尊重农民意愿，维护农民权益。

引导小农户进入现代农业发展轨道。发挥新型农业经营主体对小农户的带动作用，健全农业专业化社会化服务体系，构建支持和服务小农户发展的政策体系，实现小农户和现代农业发展有机衔接。

强化农业科技和装备支撑。更加重视依靠农业科技进步，坚持农业科技自立自强，推进关键核心技术攻关，夯实农业设施装备条件，创制运用新型农机装备，健全农业防灾减灾体系，促进农业提质增效。

推进农业全产业链开发。 顺应产业发展规律，开发农业多种功能和乡村多元价值，推动农业从种养环节向农产品加工流通等二三产业延伸，健全产业链、打造供应链、提升价值链，提高农业综合效益。

有序推进乡村建设。 坚持为农民而建，遵循乡村发展建设规律，注重保护乡村特色风貌，促进农村基础设施和基本公共服务向村覆盖、往户延伸，切实做到数量服从质量、进度服从实效。

加强和创新乡村治理。 坚持物质文明和精神文明一起抓，创新基层管理体制机制，完善农村法治服务，加强农村思想道德建设，推动形成文明乡风、良好家风、淳朴民风，推进乡村治理体系和治理能力现代化，不断增强农民群众获得感幸福感安全感。

推动城乡融合发展。 将县域作为城乡融合发展的重要切入点，以保障和改善农村民生为优先方向，强化以工补农、以城带乡，加快建立健全城乡融合发展体制机制，推动公共资源县域统筹，促进城乡协调发展、共同繁荣。

促进农业农村可持续发展。 牢固树立绿水青山就是金山银山理念，遵循农业生产规律，注重地域特色，推进农业绿色发展，加强农村生态文明建设，加快形成绿色低碳生产生活方式，走资源节约、环境友好的可持续发展道路。

促进农民农村共同富裕。 促进共同富裕，最艰巨最繁重的任务依然在农村。要巩固拓展脱贫攻坚成果，全面推进乡村振兴，使更多农村居民勤劳致富，进城农民工稳定就业增收，全体人民共同富裕迈出坚实步伐。

第四节　总体要求

指导思想。 以习近平新时代中国特色社会主义思想为指导，深入贯彻党的十九大和十九届二中、三中、四中、五中、六中全会精神，统筹推进"五位一体"总体布局，协调推进"四个全面"战略布局，认真落实党中央、国务院决策部署，坚持稳中求进工作总基调，立足新发展阶段，完整、准确、全面贯彻新发展理念，构建新发展格局，坚持农业农村优先发展，坚持农业现代化与农村现代化一体设计、一并推进，以推动高质量发展为主题，以保供固安全、振兴畅循环为工作定位，深化农业供给侧结构性改革，把乡村建设摆在社会主义现代化建设的重要位置，实现巩固拓展脱贫攻坚成果同乡村振兴有效衔接，全面推进乡村产业、人才、文化、生态、组织振兴，加快形成工农互促、城乡互补、协调发展、共同繁荣的新型工农城乡关系，促进农业高质高效、乡村宜居宜业、农民富裕富足，为全面建设社会主义现代化国家提供有力支撑。

工作原则。

坚持加强党对"三农"工作的全面领导。 始终把解决好"三农"问题作为全党工作的重中之重，坚持五级书记抓乡村振兴，健全党领导农村工作的组织体系、制度体系和工作机制，确保农业农村现代化沿着正确方向前进。

坚持服务和融入新发展格局。 把新发展理念完整、准确、全面贯穿于农业农村现代化全过程和各领域，主动服务和积极融入以国内大循环为主体、国内国际双循环相互促进的新发展格局。

坚持农业农村优先发展。 强化政策供给，在资金投入、要素配置、基本公共服务、人才配备等方面优先保障农业农村发展，加快补上农业农村短板。

坚持农民主体地位。 树立人民至上理念，在经济上维护农民利益，在政治上保障农民权利，激发农民积极性、主动性、创造性，不断满足农民对美好生活的向往。

坚持统筹发展和安全。 坚持总体国家安全观，树立底线思维，充分发挥农业农村"压舱石"作用，防范和化解影响农业农村现代化进程的各种风险。

坚持改革创新。 加快推进农业农村重点领域和关键环节改革，破除制约城乡融合发展的体制机制障碍，推动农业科技成果转化为现实生产力，增强农业农村发展后劲。

坚持系统观念。 统筹国内国际两个大局，整体谋划农村经济建设、政治建设、文化建设、社会建设、生态文明建设和党的建设，全面协调推进农业农村现代化。

坚持因地制宜和分类推进。 科学把握农业农村发展的差异性，保持历史耐心，分类指导、分区施策、稳扎稳打、久久为功，推进不同地区、不同发展阶段的乡村实现现代化。

第五节 主要目标

到2025年，农业基础更加稳固，乡村振兴战略全面推进，农业农村现代化取得重要进展。梯次推进有条件的地区率先基本实现农业农村现代化，脱贫地区实现巩固拓展脱贫攻坚成果同乡村振兴有效衔接。

粮食等重要农产品供给有效保障。 粮食综合生产能力稳步提升，产量保持在1.3万亿斤以上，确保谷物基本自给、口粮绝对安全。生猪产能巩固提升，棉花、油料、糖料和水产品稳定发展，其他重要农产品保持合理自给水平。

农业质量效益和竞争力稳步提高。 农业生产结构和区域布局明显优化，物质技术装备条件持续改善，规模化、集约化、标准化、数字化水平进一步提高，绿色优质农产品供给能力明显增强。产业链供应链优化升级，现代乡村产业体系基本形成。

农村基础设施建设取得新进展。 乡村建设行动取得积极成效，村庄布局进一步优化，农村生活设施不断改善，城乡基本公共服务均等化水平稳步提升。

农村生态环境明显改善。农村人居环境整体提升，农业面源污染得到有效遏制，化肥、农药使用量持续减少，资源利用效率稳步提高，农村生产生活方式绿色低碳转型取得积极进展。

乡村治理能力进一步增强。党组织领导的农村基层组织建设明显加强，乡村治理体系更加健全，乡风文明程度有较大提升，农民精神文化生活不断丰富，农村发展安全保障更加有力。

农村居民收入稳步增长。农民增收渠道不断拓宽，农村居民人均可支配收入增长与国内生产总值增长基本同步，城乡居民收入差距持续缩小。农民科技文化素质和就业技能进一步提高，高素质农民队伍日益壮大。

脱贫攻坚成果巩固拓展。脱贫攻坚政策体系和工作机制同乡村振兴有效衔接，脱贫人口"两不愁三保障"成果有效巩固，防止返贫动态监测和帮扶机制健全完善并有效运转，确保不发生规模性返贫。

展望2035年，乡村全面振兴取得决定性进展，农业农村现代化基本实现。

专栏1 "十四五"推进农业农村现代化主要指标

序号	指标	2020年基期值	2025年目标值	年均增速〔累计〕	指标属性
1	粮食综合生产能力（亿吨）	—	>6.5	—	约束性
2	肉类总产量（万吨）	7748	8900	2.8%	预期性
3	农业科技进步贡献率（%）	60	64	〔4〕	预期性
4	高标准农田面积（亿亩）	8	10.75	〔2.75〕	约束性
5	农作物耕种收综合机械化率（%）	71	75	〔4〕	预期性
6	畜禽粪污综合利用率（%）	75	>80	〔>5〕	约束性
7	农产品质量安全例行监测合格率（%）	97.8	98	〔0.2〕	预期性
8	农产品加工业与农业总产值比	2.4	2.8	〔0.4〕	预期性
9	较大人口规模自然村（组）通硬化路比例（%）	—	>85	—	预期性
10	农村自来水普及率（%）	83	88	〔5〕	预期性
11	乡村义务教育学校专任教师本科以上学历比例（%）	60.4	62	〔1.6〕	预期性
12	乡村医生中执业（助理）医师比例（%）	38.5	45	〔6.5〕	预期性
13	乡镇（街道）范围具备综合功能的养老服务机构覆盖率（%）	54	60	〔6〕	预期性
14	农村居民人均可支配收入增速（%）	3.8	—	与GDP增长基本同步	预期性
15	集体收益5万元以上的村占比（%）	54.4	60	〔5.6〕	预期性
16	县级及以上文明村占比（%）	53.2	60	〔6.8〕	预期性
17	农村居民教育文化娱乐消费支出占比（%）	9.5	11.5	〔2〕	预期性

注：〔 〕内为5年累计数。

第二章　夯实农业生产基础　提升粮食等重要农产品供给保障水平

深入实施国家粮食安全战略和重要农产品保障战略，落实藏粮于地、藏粮于技，健全辅之以利、辅之以义的保障机制，强化生产、储备、流通产业链供应链建设，构建科学合理、安全高效的重要农产品供给保障体系，夯实农业农村现代化的物质基础。

第一节　稳定粮食播种面积

压实粮食安全政治责任。落实粮食安全党政同责，健全完善粮食安全责任制，细化粮食主产区、产销平衡区、主销区考核指标。实施重要农产品区域布局和分品种生产供给方案。加强粮食生产能力建设，守住谷物基本自给、口粮绝对安全底线。

完善粮食生产扶持政策。稳定种粮农民补贴，完善稻谷、小麦最低收购价政策和玉米、大豆生产者补贴政策。完善粮食主产区利益补偿机制，健全产粮大县支持政策体系。鼓励粮食主产区主销区之间开展多种形式的产销合作，引导主销区与主产区合作建设生产基地。扩大稻谷、小麦、玉米三大粮食作物完全成本保险和种植收入保险实施范围，支持有条件的省份降低产粮大县三大粮食作物农业保险保费县级补贴比例。

优化粮食品种结构。稳定发展优质粳稻，巩固提升南方双季稻生产能力。大力发展强筋、弱筋优质专用小麦，适当恢复春小麦播种面积。适当扩大优势区玉米种植面积，鼓励发展青贮玉米等优质饲草饲料。实施大豆振兴计划，增加高油高蛋白大豆供给。稳定马铃薯种植面积，因地制宜发展杂粮杂豆。

第二节　加强耕地保护与质量建设

坚守18亿亩耕地红线。落实最严格的耕地保护制度，加强耕地用途管制，实行永久基本农田特殊保护。严禁违规占用耕地和违背自然规律绿化造林、挖湖造景，严格控制非农建设占用耕地，建立健全耕地数量、种粮情况监测预警及评价通报机制，坚决遏制耕地"非农化"、严格管控"非粮化"。改善撂荒地耕种条件，有序推进撂荒地利用。明确耕地利用优先序，永久基本农田重点用于发展粮食生产，特别是保障稻谷、小麦、玉米等谷物种植。强化土地流转用途监管。

推进高标准农田建设。实施新一轮高标准农田建设规划。高标准农田全部上图入库并衔接国土空间规划"一张图"。加大农业水利设施建设力度，因地制宜推进高效节水灌溉建设，支持已建高标准农田改造提升。实施大中型灌区续建配套和现代化改造，在水土资源适宜地区有序新建一批大型灌区。

提升耕地质量水平。实施国家黑土地保护工程，因地制宜推广保护性耕作，提高黑土地耕层厚度和有机质含量。推进耕地保护与质量提升行动，加强南方酸化耕地降酸改良治理和北方盐碱耕地压盐改良治理。加强和改进耕地占补平衡管理，严格新增耕地核实认定和监管，严禁占优补劣、占水田补旱地。健全耕地质量监测监管机制。

第三节　保障其他重要农产品有效供给

发展现代畜牧业。健全生猪产业平稳有序发展长效机制，推进标准化规模养殖，将猪肉产能稳定在5500万吨左右，防止生产大起大落。实施牛羊发展五年行动计划，大力发展草食畜牧业。加强奶源基地建设，优化乳制品产品结构。稳步发展家禽业。建设现代化饲草产业体系，推进饲草料专业化生产。

加快渔业转型升级。完善重要养殖水域滩涂保护制度，严格落实养殖水域滩涂规划和水域滩涂养殖证核发制度，保持可养水域面积总体稳定，到2025年水产品年产量达到6900万吨。推进水产绿色健康养殖，稳步发展稻渔综合种养、大水面生态渔业和盐碱水养殖。优化近海绿色养殖布局，支持深远海养殖业发展，加快远洋渔业基地建设。加强渔港建设和管理，建设渔港经济区。

促进果菜茶多样化发展。发展设施农业，因地制宜发展林果业、中药材、食用菌等特色产业。强化"菜篮子"市长负责制，以南菜北运基地和黄淮海地区设施蔬菜生产为重点加强冬春蔬菜生产基地建设，以高山、高原、高海拔等冷凉地区蔬菜生产为重点加强夏秋蔬菜生产基地建设，构建品种互补、档期合理、区域协调的供应格局。统筹茶文化、茶产业、茶科技，提升茶业发展质量。

第四节　优化农业生产布局

加强粮食生产功能区建设。以东北平原、长江流域、东南沿海地区为重点，建设水稻生产功能区。以黄淮海地区、长江中下游、西北及西南地区为重点，建设小麦生产功能区。以东北平原、黄淮海地区以及汾河和渭河流域为重点，建设玉米生产功能区。加大粮食生产功能区政策支持力度，相关农业资金向粮食生产功能区倾斜，优先支持粮食生产功能区内目标作物种植。以产粮大县集中、基础条件良好的区域为重点，打造生产基础稳固、产业链条完善、集聚集群融合、绿色优质高效的国家粮食安全产业带。

加强重要农产品生产保护区建设。以东北地区为重点、黄淮海地区为补充，提升大豆生产保护区综合生产能力。以新疆为重点、长江和黄河流域的沿海沿江环湖地区为补充，建设棉花生产保护区。以长江流域为重点，扩大油菜生产保护区种植面积。积极发展黄淮海地区花生生产，稳定提升长江中下游地区油茶生产，推进西北地区油葵、芝麻、胡麻等油料作物发展。巩固提升广西、云南糖料蔗生产保护区产能。加强海南、云南、广东天然橡胶生产保护区胶园建设。

加强特色农产品优势区建设。发掘特色资源优势，建设特色农产品优势区，完善特色农产品优势区体系。强化科技支撑、质量控制、品牌建设和产品营销，建设一批特色农产品标准化生产、加工和仓储物流基地，培育一批特色粮经作物、园艺产品、畜产品、水产品、林特产品产业带。

第五节　协同推进区域农业发展

服务国家重大战略。推进西部地区农牧业全产业链价值链转型升级，大力发展高效旱作农业、节水型设施农业、戈壁农业、寒旱农业。加快发展西南地区丘陵山地特色农业，积极发展高原绿色生态农业。推进东北地区加快发展现代化大农业，建设稳固的国家粮食战略基地。巩固提升中部地区重要粮食生产基地地位，加强农业资源节约集约利用。发挥东部地区创新要素集聚优势，大力发展高效农业，率先基本实现农业现代化。统筹利用海岸带和近海、深海海域，发展现代海洋渔业。

推进重点区域农业发展。深入推进京津冀现代农业协同发展，支持雄安新区建设绿色生态农业。深化粤港澳大湾区农业合作，建设与国际一流湾区和世界级城市群相配套的绿色农产品生产供应基地。推进长江三角洲区域农业一体化发展，先行开展农产品冷链物流、环境联防联治等统一标准试点，发展特色乡村经济。发挥海南自由贸易港优势，扩大农业对外开放，建设全球热带农业中心和动植物种质资源引进中转基地。全域推进成渝地区双城经济圈城乡统筹发展，建设现代高效特色农业带。

第六节　提升农业抗风险能力

增强农业防灾减灾能力。加强防洪控制性枢纽工程建设，推动大江大河防洪达标提升，加快中小河流治理，调整和建设蓄滞洪区，完成现有病险水库除险加固。加强农业气象综合监测网络建设，强化农业气象服务。健全动物防疫和农作物病虫害防治体系，加强监测预警网络建设。发挥农业保险灾后减损作用。

提升重要农产品市场调控能力。深化农产品收储制度改革，改革完善中央储备粮管理体制，加快培育多元市场购销主体，提升重要农产品收储调控能力。健全粮食储备体系，保持合理储备规模，合理布局区域性农产品应急保供基地。加强粮食等重要农产品监测预警，建立健全多部门联合分析机制和信息发布平台。开展粮食节约行动，有效降低粮食损耗。实施新一轮中国食物与营养发展纲要。

稳定国际农产品供应链。实施农产品进口多元化战略，健全农产品进口管理机制，稳定大豆、食糖、棉花、天然橡胶、油料油脂、肉类、乳制品等农产品国际供应链。

保障农业生产安全。健全农业安全生产制度体系，推动农业企业建立完善全过程安全生产管理制度。实施农业安全生产专项整治三年行动。构建渔业安全治理体系，提升渔船装备、渔民技能、渔港避风和风险保障能力。强化农机安全生产，组织平安农机示范创建。加强农药安全使用技术培训与指导。加强农村沼气报废设施安全处置。

专栏2　粮食等重要农产品安全保障工程

1.高标准农田建设
以永久基本农田、粮食生产功能区和重要农产品生产保护区为重点，新建高标准农田2.75亿亩，其中新增高效节水灌溉面积0.6亿亩，并改造提升现有高标准农田1.05亿亩。

2.黑土地保护
以土壤侵蚀治理、农田基础设施建设、肥沃耕层构建、盐碱渍涝治理为重点，加强黑土地综合治理。实施东北黑土地保护性耕作行动计划，保护性耕作实施面积达到1.4亿亩。

3.国家粮食安全产业带建设
立足水稻、小麦、玉米、大豆等生产供给，统筹布局生产、加工、储备、流通等能力建设，打造东北平原、黄淮海地区、长江中下游地区等粮食安全产业带。

4.优质粮食工程
推进粮食优产、优购、优储、优加、优销"五优联动"，统筹开展粮食绿色仓储、品种品质品牌、质量追溯、机械装备、应急保障能力、节约减损健康消费"六大提升行动"，加快建设现代化粮食产业体系。

5.棉油糖胶生产能力建设
改善棉田基础设施条件，加大采棉机械推广力度。加快坡改梯和中低产蔗田改造，建设一批规模化机械化、高产高效的优质糖料生产基地。推进油茶等木本油料低产低效林改造。加快老残胶园更新改造。

6.绿色高质高效行动
选择一批粮油作物生产基础好、产业集中度高的县（市、区），集成推广区域性、标准化高产高效技术，示范带动大面积均衡增产增效、提质增效。

7.动物防疫和农作物病虫害防治
提升动物疫病国家参考实验室和病原学监测区域中心设施条件，改善牧区动物防疫专用设施和基层动物疫苗冷藏设施，建设动物防疫指定通道和病死动物无害化处理场。建设水生动物疫病监控监测中心和实验室。分级建设农作物病虫害监测、应急防治和农药风险监控等中心。

8.生猪标准化养殖
启动实施新一轮生猪标准化规模养殖提升行动，推动一批生猪标准化养殖场改造养殖饲喂、动物防疫及粪污处理等设施装备，继续开展生猪调出大县奖励，加大规模养猪场信贷支持。

（续）

9.草食畜牧业提升

实施基础母畜扩群提质和南方草食畜牧业增量提质行动，引导一批肉牛肉羊规模养殖场实施畜禽圈舍标准化、集约化、智能化改造。

10.奶业振兴工程

改造升级一批适度规模奶牛养殖场，推动重点奶牛养殖大县整县推进生产数字化管理，建设一批重点区域生鲜乳质量检测中心，建设一批优质饲草料基地。

11.水产养殖转型升级

实施水产健康养殖提升行动，创建一批国家级水产健康养殖和生态养殖示范区。发展深远海大型智能化养殖渔场。

12.渔船更新改造和渔港建设

推动渔船及装备更新改造和减船转产，建造新材料、新能源渔船。加强沿海现代渔港建设，提高渔港避风能力。

第三章　推进创新驱动发展　提升农业质量效益和竞争力

深入推进农业科技创新，健全完善经营机制，推动品种培优、品质提升、品牌打造和标准化生产，不断提高农牧渔业发展水平。

第一节　强化现代农业科技支撑

开展农业关键核心技术攻关。完善农业科技领域基础研究稳定支持机制，加强农业基础理论、科研基础设施、定位观测体系、资源生态监测系统建设。聚焦基础前沿重点领域，加快突破一批重大理论和工具方法。聚焦生物育种、耕地质量、智慧农业、农业机械设备、农业绿色投入品等关键领域，加快研发与创新一批关键核心技术及产品。加快动物疫病和农作物病虫害气象环境成因、传播机理、致病机制研究，提升农业重大风险防控和产业安全保障能力。

加强农业战略科技力量建设。加强国家现代农业产业技术体系建设。深化农业科技体制改革，推动重点领域项目、基地、人才、资金一体化配置。强化高水平农业科研院校建设，培育壮大一批农业领军企业，优化地方农业科研机构和创新团队建设。实施国家农业科研杰出人才培养计划。打造国家热带农业科学中心。

促进科技与产业深度融合。加强国家农业科技创新联盟建设，支持农业企业牵头建设农业科技创新联合体或新型研发机构，加快建设国家现代农业产业科技创新中心。开展乡村振兴科技支撑行动，加强农业科技社会化服务体系建设，完善农业科技推广服务云平台，推行科技特派员制度，强化公益性农技推广机构建设。

第二节　推进种业振兴

加强种质资源保护。全面完成农作物种质资源、畜禽遗传资源和水产养殖种质资源普查，摸清资源家底，抢救性收集珍稀、濒危、特有资源与特色地方品种。启动农业种质资源精准鉴定评价，推进优异种质资源创制与应用，构建种质资源DNA分子指纹图谱库、特征库和农业种质资源数据库。加强国家农作物、林草、畜禽、海洋和淡水渔业、微生物种质资源库建设。

开展育种创新攻关。围绕重点农作物和畜禽，启动实施农业种源关键核心技术攻关。加快实施农业生物育种重大科技项目，有序推进生物育种产业化应用。开展种业联合攻关，实施新一轮畜禽遗传改良计划和现代种业提升工程。

加强种业基地建设。推进国家级和省级育制种基地建设，加快建设南繁硅谷。在北方农牧交错区布局建设大型牧草良种繁育基地。加快建设种业基地高标准农田。继续实施制种大县奖励政策。建设一批国家级核心育种场，完善良种繁育和生物安全防护设施条件。推进国家级水产供种繁育基地建设。

强化种业市场监管。严格品种管理，提高主要农作物品种审定标准，建立品种"身份证"制度。强化育种领域知识产权保护，强化行政与司法协同保护机制，严厉打击假冒伪劣、套牌侵权等违法犯罪行为。健全种畜禽、水产苗种监管制度和技术标准，加强畜禽遗传物质监管。

第三节　提高农机装备研发应用能力

加强农机装备薄弱环节研发。加强大中型、智能化、复合型农业机械研发应用，打造农机装备一流企业和知名品牌。推进粮食作物和战略性经济作物育、耕、种、管、收、运、贮等薄弱环节先进农机装备研制。加快研发制造适合丘陵山区农业生产的高效专用农机。攻关突破制约整机综合性能提升的关键核心技术、关键材料和重要零部件。加强绿色智能畜牧水产养殖装备研发。

推进农业机械化全程全面发展。健全农作物全程机械化生产体系，加快推进品种、栽培、装备集成配套。加大对智能、高端、安全农机装备的支持力度，突出优机优补、奖优罚劣，支持探索研发制造应用一体化，提升我国农机装备水平和国际竞争力。推进机械装备与养殖工艺融合，提升畜牧水产养殖主要品种、重点环节、规模养殖场以及设施农业的机械化水平。推动绿色环保农机应用。加强机耕道、场库棚、烘干机塔等配套设施建设，发展"全程机械化＋综合农事"等农机服务新模式。

第四节　健全现代农业经营体系

培育壮大新型农业经营主体。实施家庭农场培育计划，把农业规模经营户培育成有活力的家庭农场。完善家庭农场名录制度。实施农民合作社规范提升行动，支持农民合作社联合社加快发展。完善新型农业经营主体金融保险、用地保障等政策。建立科研院所、农业高校等社会力量对接服务新型农业经营主体的长效机制。推动新型农业经营主体与小农户建立利益联结机制，推行保底分红、股份合作、利润返还等方式。

健全专业化社会化服务体系。发展壮大农业专业化社会化服务组织，培育服务联合体和服务联盟，将先进适用的品种、投入品、技术、装备导入小农户。开展农业社会化服务创新试点示范，鼓励市场主体建设区域性农业全产业链综合服务中心。加快发展农业生产托管服务。推进农业社会化服务标准体系建设，建立服务组织名录库，加强服务价格监测。

专栏3 农业质量效益和竞争力提升工程

1.农业科技创新能力建设

围绕生物育种、生物安全、资源环境、智能农机、农产品深加工、绿色投入品创制等领域，新建一批农业重大科技设施装备、重点实验室和农业科学观测实验站。

2.基层农技推广体系建设

实施基层农技推广体系改革与建设项目，壮大科技特派员和特聘农技员队伍，建设200个国家现代农业科技示范展示基地、5000个区域农业科技示范基地，培育一批农业科技服务公司。

3.现代种业

建设国家农作物种质资源长期库、种质资源中期库圃，提升海南、甘肃、四川等国家级育制种基地水平，建设黑龙江大豆等区域性制种基地。新建、改扩建国家畜禽和水产品种质资源库、保种场（区）、基因库，推进国家级畜禽核心育种场建设。改扩建2个分子育种创新服务平台。

4.农业机械化

稳定实施农机购置补贴政策，创建300个农作物生产全程机械化示范县，建设300个设施农业和规模养殖全程机械化示范县，推进农机深松整地和丘陵山区农田宜机化改造。加强农业机械抢种抢收抢烘服务能力建设。

5.新型农业经营主体培育提升行动

创建300个左右家庭农场示范县和1500个左右示范家庭农场。开展国家、省、市、县级农民合作社示范社四级联创，扩大农民合作社质量提升整县推进试点范围。

6.农业生产"三品一标"提升行动

培育一批有自主知识产权的核心种源和节水节肥节药新品种，建设800个绿色标准化农产品生产基地、500个畜禽养殖标准化示范场，打造300个以上国家级农产品区域公用品牌、500个以上企业品牌、1000个以上农产品品牌。

第四章　构建现代乡村产业体系　提升产业链供应链现代化水平

坚持立农为农，把带动农民就业增收作为乡村产业发展的基本导向，加快农村一二三产业融合发展，把产业链主体留在县域，把就业机会和产业链增值收益留给农民。

第一节　优化乡村产业布局

健全乡村产业体系。以农业农村资源为依托，以农民为主体，培育壮大现代种养业、乡村特色产业、农产品加工流通业、乡村休闲旅游业、乡村新型服务业、乡村信息产业等，形成特色鲜明、类型丰富、协同发展的乡村产业体系。以拓展二三产业为重点，纵向延伸产业链条，横向拓展产业功能，多向提升乡村价值。

推进县镇村联动发展。强化县域统筹，推动形成县城、中心镇（乡）、中心村功能衔接的乡村产业结构布局。推进县域、镇域产业集聚，支持农产品加工业向县域布局，引导农产品加工流通企业在有条件镇（乡）所在地建设加工园区和物流节点。促进镇村联动发展，实现加工在乡镇、基地在村、增收在户。

第二节　推进乡村产业园区化融合化发展

建设现代农业产业园区和农业现代化示范区。支持有条件的县（市、区）建设现代农业产业园，推动科技研发、加工物流、营销服务等市场主体向园区集中，资本、科技、人才等要素向园区集聚。加快乡村特色产业示范村镇、农业产业强镇和优势特色产业集群建设。以县（市、区）为单位创建一批农业现代化示范区，围绕提高农业产业体系、生产体系、经营体系现代化水平，建立指标体系，加强资源整合和政策集成，示范引领农业现代化发展，探索建立农业现代化发展模式、政策体系、工作机制，形成梯次推进农业现代化的格局。

提升农村产业融合发展水平。依托乡村特色优势资源，打造农业全产业链。鼓励发展农业产业化龙头企业牵头、家庭农场和农民合作社跟进、广大小农户参与的农业产业化联合体。鼓励农业产业化龙头企业建立大型农业企业集团，开展农产品精深加工，在主产区和大中城市郊区布局中央厨房、主食加工、休闲食品、方便食品、净菜加工等业态，满足消费者多样化个性化需求。加快建设产地贮藏、预冷保鲜、分级包装、冷链物流、城市配送等设施，构建仓储保鲜冷链物流网络。稳步推进反映全产业链价值的农业及相关产业统计核算。

第三节　发展乡村新产业新业态

优化乡村休闲旅游业。依托田园风光、绿水青山、村落建筑、乡土文化、民俗风情等资源优势，建设一批休闲农业重点县、休闲农业精品园区和乡村旅游重点村镇。推动农业与旅游、教育、康养等产业融合，发展田园养生、研学科普、农耕体验、休闲垂钓、民宿康养等休闲农业新业态。

发展乡村新型服务业。积极发展生产性服务业，引导仓储物流、设施租赁、市场营销、信息咨询等领域市场主体将服务网点延伸到乡村。拓展生活性服务业，改造提升餐饮住宿、商超零售、电器维修、再生资源回收和养老护幼、卫生保洁、文化演出等乡村生活服务业。

加快农村电子商务发展。扩大电子商务进农村覆盖面，加快培育农村电子商务主体，引导电商、物流、商贸、金融、供销、邮政、快递等市场主体到乡村布局。深入推进"互联网＋"农产品出村进城工程。优化农村电子商务公共服务中心功能，规范引导网络直播带货发展。实施"数商兴农"，推动农村电商基础设施数字化改造、智能化升级，打造农产品网络品牌。

第四节　推进农村创业创新

支持农民工、大中专毕业生、退役军人、科技人员和工商业主等返乡入乡创业，鼓励能工巧匠和"田秀才"、"土专家"等乡村能人在乡创业。推动城市各类人才投身乡村产业发展。依托各类园区、企业、知名村镇等，建设一批农村创业创新园区（孵化实训基地）、农民工返乡创业园，打造一批众创空间、星创天地等创业创新孵化载体。依托现有资源建立农村创业创新导师队伍，为农村创业人员提供精准指导服务。依托普通高等院校、职业院校和相关培训机构，让有意愿的创业创新人员参加创业创新培训，对符合条件的人员按规定给予培训补贴。制定分区域、差异化创业创新扶持政策，推动落实创业补贴政策，加大创业贷款等支持力度。支持有条件的县乡政务大厅设立创业创新服务窗口，提供"一站式"服务。

专栏4　乡村产业链供应链提升工程

1.农业现代化示范区建设

加强资源整合、政策集成，改善物质装备技术条件，创建500个左右农业现代化示范区，探索差异化、特色化的农业现代化发展模式。

2.产业融合发展工程

创建一批国家现代农业产业园，培育一批农业产业强镇、全国乡村特色产业示范村镇和产值超100亿元的优势特色产业集群，建设一批科技示范园区、现代林业产业示范区。继续创建认定一批国家农村产业融合发展示范园，完善相关配套设施，鼓励各地创建省级示范园。新认定一批农业产业化国家重点龙头企业，培育3000个农业产业化联合体。

3.农产品加工业提升

建设一批集成度高、系统化强、能应用、可复制的农产品加工技术集成科研基地，在农牧渔业大县（市）建设一批农产品加工园，打造一批国际农产品加工园，创建一批农产品加工示范企业。

4.农产品仓储冷链物流设施建设

以鲜活农产品主产区和特色农产品优势区为重点，支持5万个新型农业经营主体建设农产品产地冷藏保鲜设施，建设一批产地冷链集配中心。建设30个全国性和70个区域性农产品骨干冷链物流基地。改造畜禽定点屠宰加工厂冷链储藏和运输设施。

5.休闲农业和乡村旅游精品工程

建设300个休闲农业重点县、1500个美丽休闲乡村，推介1000条乡村休闲旅游精品景点线路。

6.农村创新创业带头人培育行动

打造1500个农村创业创新园区和孵化实训基地，培育10万名农村创业创新导师和100万名带头人，带动1500万名返乡入乡人员创业。

第五章　实施乡村建设行动　建设宜居宜业乡村

把乡村建设摆在社会主义现代化建设的重要位置，大力开展乡村建设行动，聚焦交通便捷、生活便利、服务提质、环境美好，建设宜居宜业的农民新家园。

第一节　科学推进乡村规划

完善县镇村规划布局。强化县域国土空间规划管控，统筹划定落实永久基本农田、生态保护红线、城镇开发边界。统筹县城、乡镇、村庄规划建设，明确村庄分类布局。推进县域产业发展、基础设施、公共服务、生态环境保护等一体规划，加快形成县乡村功能衔接互补的建管格局，推动公共资源在县域内实现优化配置。

加快推进村庄规划。按照集聚提升类、城郊融合类、特色保护类和搬迁撤并类等村庄分类，分类推进村庄规划。优化布局乡村生活空间，严格保护农业生产空间和乡村生态空间，科学划定养殖业适养、限养、禁养区域。坚持先规划后建设，加强分类指导，保持历史耐心，遵循乡村发展规律，注重传统特色和乡村风貌保护，不搞一刀切。严禁随意撤并村庄搞大社区、违背农民意愿大拆大建。

第二节　加强乡村基础设施建设

完善农村交通运输体系。推进农村公路建设项目更多向进村入户倾斜，统筹规划和建设农村公路穿村路段，兼顾村内主干道功能。推进人口密集村庄消防通道建设。深化农村公路管理养护体制改革，落实管养主体责任。完善交通安全防护设施，提升公路安全防控水平，强化农村公路交通安全监管。推动城乡客运一体化发展，优化农忙等重点时段农村客运服务供给，完善农村客运长效发展机制。

提升农村供水保障水平。合理确定水源和供水工程设施布局，加强水源工程建设和水源保护。实施规模化供水工程建设和小型供水工程标准化改造，提高农村自来水普及率。鼓励有条件的地区将城市供水管网向周边村镇延伸。建立合理水价形成机制和水费收缴机制，健全农村供水工程建设运行和管护长效机制。加强农村消防用水配套设施建设。完善农村防汛抗旱设施，加强农村洪涝灾害预警和防控。

加强乡村清洁能源建设。提高电能在农村能源消费中的比重。因地制宜推动农村地区光伏、风电发展，推进农村生物质能源多元化利用，加快构建以可再生能源为基础的农村清洁能源利用体系。强化清洁供暖设施建设，加大生物质锅炉（炉具）、太阳能集热器等推广应用力度，推动北方冬季清洁取暖。

建设农村物流体系。完善县乡村三级物流配送体系，构建农村物流骨干网络，补齐物流基地、分拨中心、配送站点和冷链仓储等基础设施短板，加大对公用型、共配型场站设施的政策支持力度。改造提升农村寄递物流基础设施，推进乡镇运输服务站建设，改造提升农贸市场等传统流通网点。打造农村物流服务品牌，创新农村物流运营服务模式，探索推进乡村智慧物流发展。

第三节　整治提升农村人居环境

因地制宜推进农村厕所革命。加强中西部地区农村户用厕所改造，引导新改户用厕所入院入室。合理规划布局农村公共厕所，加快建设乡村景区旅游厕所。加快干旱、寒冷地区卫生厕所适用技术和产品研发。推进农村厕所革命与生活污水治理有机衔接，鼓励联户、联村、村镇一体处理。鼓励各地探索推行政府定标准、农户自愿按标准改厕、政府验收合格后按规定补助到户的奖补模式。完善农村厕所建设管理制度，严格落实工程质量责任制。

梯次推进农村生活污水治理。以县域为基本单元，以乡镇政府驻地和中心村为重点梯次推进农村生活污水治理，基本消除较大面积的农村黑臭水体。采用符合农村实际的污水处理模式和工艺，优先推广运行费用低、管护简便的治理技术，积极探索资源化利用方式。有条件的地区统筹城乡生活污水处理设施建设和管护。

健全农村生活垃圾处理长效机制。推进农村生活垃圾源头分类减量，探索农村生活垃圾就地就近处理和资源化利用的有效路径，稳步解决"垃圾围村"问题。完善农村生活垃圾收运处置体系，健全农村再生资源回收利用网络。

整体提升村容村貌。深入开展村庄清洁和绿化行动，实现村庄公共空间及庭院房屋、村庄周边干净整洁。提高农房设计水平和建设质量。建立健全农村人居环境建设和管护长效机制，全面建立村庄保洁制度，有条件的地区推广城乡环卫一体化第三方治理。

第四节　加快数字乡村建设

加强乡村信息基础设施建设。实施数字乡村建设工程。加快农村光纤宽带、移动互联网、数字电视网和下一代互联网发展，支持农村及偏远地区信息通信基础设施建设。加快推动遥感卫星数据在农业农村领域中的应用。推动农业生产加工和农村地区水利、公路、电力、物流、环保等基础设施数字化、智能化升级。开发适应"三农"特点的信息终端、技术产品、移动互联网应用软件，构建面向农业农村的综合信息服务体系。

发展智慧农业。建立和推广应用农业农村大数据体系，推动物联网、大数据、人工智能、区块链等新一代信息技术与农业生产经营深度融合。建设数字田园、数字灌区和智慧农（牧、渔）场。

推进乡村管理服务数字化。构建线上线下相结合的乡村数字惠民便民服务体系。推进"互联网＋"政务服务向农村基层延伸。深化乡村智慧社区建设，推广村级基础台账电子化，建立集党务村务、监督管理、便民服务于一体的智慧综合管理服务平台。加强乡村教育、医疗、文化数字化建设，推进城乡公共服务资源开放共享，不断缩小城乡"数字鸿沟"。持续推进农民手机应用技能培训，加强农村网络治理。

专栏5 乡村公共基础设施建设工程

1.农村道路畅通

因地制宜推进乡镇通三级及以上公路、自然村通硬化路，加强村组连通和村内道路建设。推进老旧公路改造和窄路基路面加宽改造，强化农村公路与国省干线公路、城市道路、村内道路衔接。

2.农村供水保障

推进农村水源保护和供水保障工程建设，更新改造一批老旧供水工程和管网，提高规模化供水工程覆盖农村人口比例。

3.乡村清洁能源建设

实施农村电网巩固提升工程，因地制宜发展农村地区电供暖、生物质能源清洁供暖，加强煤炭清洁化利用，推进散煤替代。

4.农村物流体系建设

加强县乡村物流基础设施建设，鼓励地方建设县镇物流基地、农村电子商务配送站点，选择部分地区建设面向农村的共同配送中心。

5.农村人居环境整治提升

有序推进经济欠发达地区以及高海拔、寒冷、缺水地区的农村改厕。因地制宜建设一批厕所粪污、农村生活污水处理设施和农村有机废弃物综合处置利用设施。支持600个县整县推进农村人居环境整治。创建一批美丽宜居村庄。

6.乡村信息基础设施建设

推动农村千兆光网、5G、移动物联网与城市同步规划建设，提升农村宽带网络水平。全面推进互联网协议第六版（IPv6）技术在农村信息基础设施、信息终端、技术产品、应用软件中的广泛应用。推广大田作物精准播种、精准施肥施药、精准收获，推动设施园艺、畜禽水产养殖和渔船渔港智能化应用。实施农业农村大数据应用行动。

第五节　提升农村基本公共服务水平

提高农村教育质量。多渠道增加农村普惠性学前教育供给，完善普惠性学前教育保障机制。继续改善乡镇寄宿制学校办学条件，保留并办好必要的乡村小规模学校，在县城和中心镇新建改扩建一批普通高中和中等职业学校。把耕读教育和科学素质教育纳入教育培训体系。加大涉农高校、涉农职业院校、涉农学科专业建设力度。支持县城职业中学等学校根据当地产业发展需要试办社区学院。加强乡村教师队伍建设，推进县域内义务教育学校校长教师交流轮岗，支持建设城乡学校共同体。加快发展面向乡村的网络教育。

全面推进健康乡村建设。加强乡村基层医疗卫生体系建设，提升村卫生室标准化建设和健康管理水平，提升乡镇卫生院医疗服务能力。加强县级医院和妇幼保健机构建设，持续提升县级疾控机构应对重大疫情及突发公共卫生事件能力。加强乡村医疗卫生和疾控人才队伍建设，加大农村基层本地全科人才培养力度，推动乡村医生向执业（助理）医师转变，落实乡村医生待遇。加快县域紧密型医共体建设，实行医保总额预算管理，强化基本医保、大病保险、医疗救助三重制度保障功能。加强出生缺陷防治知识普及和健康教育。加快完善乡村公共体育场地设施。

完善农村养老服务体系。健全县乡村衔接的三级养老服务网络，推进村级幸福院、日间照料中心等建设，推动乡镇敬老院升级改造。发展农村普惠型养老服务和互助性养老，加大居家养老支持力度。落实城乡居民基本养老保险待遇确定和正常调整机制，适时提高基础养老金标准。

提升村级综合服务能力。加强村级综合服务设施建设，完善便民服务设施。制定村级公共服务目录和代办政务服务指导目录，提供就业社保、社会救助、卫生健康、法律咨询等公共服务。发展农村普惠性托幼服务，健全农村留守儿童、妇女、老年人、残疾人以及困境儿童关爱服务体系。加快推动乡镇社会工作服务站建设，吸引社会工作人才提供专业服务。加强农村公益性殡葬设施建设。

第六节　扩大农村消费

多措并举畅通增收渠道。支持发展各具特色的现代乡村富民产业，完善利益联结机制，通过"资源变资产、资金变股金、农民变股东"，让农民更多分享产业增值收益。建设城乡统一的人力资源市场，完善农民工就业支持政策，落实农民工与城镇职工平等就业、同工同酬制度。深入实施新生代农民工职业技能提升计划。赋予农民更多财产权利，提高农民土地增值收益分享比例。

实施农村消费促进行动。鼓励有条件的地区开展农村家电更新行动、实施家具家装下乡补贴和新一轮汽车下乡，促进农村居民耐用消费品更新换代。完善县城和中心镇充换电基础设施建设。支持网络购物、移动支付等消费新业态、新模式向农村拓展，提升农村居民消费意愿。

优化农村消费环境。 加强农村市场建设，完善农村商贸服务网络，优化县域批发市场、集散中心、商业网点布局。实施农村消费环境净化专项行动，聚焦食品药品安全、农资供应等领域，依法打击假冒伪劣、虚假宣传、价格欺诈等违法行为，规范农村市场秩序。加强市场监管和行政执法，在农村地区开展放心消费创建活动。

专栏6 农村基本公共服务提升工程

1.农村教育质量提升行动

改善乡镇寄宿制学校和乡村小规模学校办学条件，加强县域普通高中学校建设，支持20万人口以上的县特殊教育学校建设。每年安排建设一批普惠性幼儿园。改善农村中小学信息化基础设施，加强国家中小学网络云平台资源应用。继续实施"特岗计划"。

2.乡村健康服务提升行动

加强村卫生室标准化建设，依托现有资源，选建一批中心卫生院，建设一批农村县域医疗卫生次中心。加快县域紧密型医共体建设，提高县级医院医疗服务水平。推动县（市、区）妇幼保健机构提高服务能力。

3.农村养老服务体系建设行动

提升县级特困供养服务机构失能照护和集中供养能力，每个县（市、区）至少建有1所县级供养服务机构。拓展乡镇敬老院区域养老服务中心功能，完善村级互助养老服务设施，解决农村老年人生活照料、就餐就医等问题。

4.村级综合服务设施提升

改扩建行政村综合性公共服务用房，建设一站式服务大厅、多功能活动室、图书阅览室等。

第六章　加强农村生态文明建设　建设绿色美丽乡村

以绿色发展引领乡村振兴，推进农村生产生活方式绿色低碳转型，实现资源利用更加高效、产地环境更加清洁、生态系统更加稳定，促进人与自然和谐共生。

第一节　推进质量兴农绿色兴农

提升农业标准化水平。建立健全农业高质量发展标准体系，制修订粮食安全、种业发展、耕地保护、产地环境、农业投入品、农药兽药残留等标准，强化农产品营养品质评价和分等分级。开展农业标准化示范创建，加快现代农业全产业链标准化。加强绿色食品、有机农产品、地理标志农产品认证和管理，建立健全农业品牌监管机制。

强化农产品质量安全监管。实施农产品质量安全保障工程，完善农产品质量安全全程监管体系，扩大农产品质量安全风险监测范围，强化基层监管和检验检测队伍建设，推行网格化监管和智慧监管。实施"治违禁控药残促提升"行动，基本解决禁限用农药兽药残留超标和非法添加等问题。加强农业投入品规范化管理，严格食用农产品种养殖、加工储运环节投入品监管。试行食用农产品达标合格证制度，健全追溯体系。

提升绿色发展支撑能力。加强国家农业绿色发展先行区建设，探索不同生态类型、不同主导品种的农业绿色发展典型模式。开展农业绿色发展长期固定观测。

第二节　加强农业面源污染防治

持续推进化肥农药减量增效。深入开展测土配方施肥，持续优化肥料投入品结构，增加有机肥使用，推广肥料高效施用技术。积极稳妥推进高毒高风险农药淘汰，加快推广低毒低残留农药和高效大中型植保机械，因地制宜集成应用病虫害绿色防控技术。推进兽用抗菌药使用减量化，规范饲料和饲料添加剂生产使用。到2025年，主要农作物化肥、农药利用率均达到43%以上。

循环利用农业废弃物。支持发展种养有机结合的绿色循环农业，持续开展畜禽粪污资源化利用，加强规模养殖场粪污治理设施建设，推进粪肥还田利用。全面实施秸秆综合利用行动，健全秸秆收储运体系，提升秸秆能源化、饲料化利用能力。加快普及标准地膜，加强可降解农膜研发推广，推进废旧农膜机械化捡拾和专业化回收。开展农药肥料包装废弃物回收利用。

加强污染耕地治理。开展农用地土壤污染状况调查，实施耕地土壤环境质量分类管理。对轻中度污染耕地加大安全利用技术推广力度；对重度污染耕地实行严格管控，开展种植结构调整或在国家批准的规模和范围内实施退耕还林还草。深入实施耕地重金属污染防治联合攻关，加强修复治理和安全利用示范。巩固提升受污染耕地安全利用水平。

第三节　保护修复农村生态系统

强化农业资源保护。深入推进农业水价综合改革，健全节水激励机制，建立量水而行、以水定产的农业用水制度。发展节水农业和旱作农业，推进南水北调工程沿线农业深度节水。实施地下水超采综合治理。健全耕地轮作休耕制度。落实海洋渔业资源总量管理制度，完善捕捞限额管理和休渔禁渔制度，持续开展海洋捕捞渔民减船转产。严格保护管理珍贵濒危水生野生动物及其栖息地，严厉打击非法捕捞行为，持续开展渔业增殖放流，高标准建设海洋牧场。强化外来入侵物种防控。

健全草原森林河流湖泊休养生息制度。完善草原生态保护补助奖励政策，全面推进草原禁牧休牧轮牧，强化草原生物灾害防治，稳步恢复草原生态环境。实行林长制，制定绿化造林等生态建设目标，巩固退耕还林还草、退田还湖还湿成果，推进荒漠化、石漠化、水土流失综合治理。建设田园生态系统，完善农田生态廊道，营造复合型、生态型农田林网。强化河湖长制，加强大江大河和重要湖泊湿地生态保护治理。以县域为单元，推进水系连通和农村水系综合整治，建设一批水美乡村。

推动农业农村减排固碳。加强绿色低碳、节能环保的新技术新产品研发和产业化应用。以耕地质量提升、渔业生态养殖等为重点，巩固提升农业生态系统碳汇能力。推动农业产业园区和产业集群循环化改造，开展农业农村可再生能源替代示范。建立健全农业农村减排固碳监测网络和标准体系。

推进重点区域生态环境保护。全面实施长江流域重点水域十年禁渔，推进以长江为重点的渔政执法能力建设，做好退捕渔民安置保障工作。推进长江水生生物资源和水域生态保护修复，实施中华鲟、长江江豚、长江鲟拯救行动计划。开展长江、黄河流域农业面源污染治理，实施深度节水控水行动。建立生态产品价值实现机制，在长江流域等开展试点。

专栏7　农村生态文明建设工程

1.农业标准化提升

加快构建农业高质量生产的标准体系，制修订3000项农业领域国家和行业标准，建设300个现代农业全产业链标准集成应用基地，支持1000个地理标志农产品发展。建设一批生态农场。

2.农产品质量安全保障

强化基层监管手段条件建设，建设农产品质量安全指挥调度中心、基层监管服务站和监管实训基地，建设500个国家农产品质量安全县、1000个智慧监管试点。

3.农业面源污染治理

深入实施农药化肥减量行动，以东北地区为重点整县推进秸秆综合利用，在重点用膜区整县推进农膜回收，在畜禽养殖主产区持续推进粪污资源化利用，在水产养殖主产区推进养殖尾水治理。在长江经济带、黄河流域环境敏感区建设200个农业面源污染综合治理示范县。

4.耕地土壤污染防治

以耕地土壤污染防治重点县为重点，加强污染耕地土壤治理，对轻中度污染耕地落实农艺调控措施，严格管控重度污染耕地。

5.耕地轮作休耕制度试点

在东北冷凉区、北方农牧交错区、西北地区、黄淮海地区实施粮油、粮豆等轮作；在长江流域推行稻油、稻稻油轮作模式；在河北、黑龙江、新疆的地下水超采区实施休耕试点，集成推广一批不同地区用地养地结合技术模式。

6.水生生物资源养护行动

增殖放流各类水产苗种及珍贵濒危物种超过1000亿单位，实施水生生物物种保护行动计划，保护修复关键栖息地，科学开展迁地保护。建立长江水生生物资源及栖息地监测网络，实施长江生物完整性指数评价。建设一批国家级海洋牧场示范区。

7.长江禁捕等渔政执法能力建设

强化长江禁捕水域渔政执法监管能力，建设统一的渔政执法远程监控指挥调度系统，加强视频监控、雷达监控、渔政执法船艇（趸船）、无人机设施设备建设。持续开展中国渔政亮剑专项执法行动。

8.外来入侵物种防控

启动实施外来入侵物种全面调查，推动建设一批天敌繁育基地和综合防控示范区，因地制宜探索推广绿色防控技术模式。

第七章 加强和改进乡村治理 建设文明和谐乡村

以保障和改善农村民生为优先方向，突出组织引领、社会服务和民主参与，加快构建党组织领导的自治法治德治相结合的乡村治理体系，建设充满活力、和谐有序的善治乡村。

第一节 完善乡村治理体系

加强农村基层组织建设。建立健全以基层党组织为领导、村民自治组织和村务监督组织为基础、集体经济组织和农民合作组织为纽带、其他经济社会组织为补充的村级组织体系。选优配强乡镇、村领导班子，持续向重点乡村选派驻村第一书记和工作队，发展农村年轻党员。完善村民（代表）会议制度和村级民主协商、议事决策机制，拓展村民参与村级公共事务平台。加强村务监督委员会建设，强化基层纪检监察组织与村务监督委员会的沟通协作、有效衔接，推行村级小微权力清单制度。推动乡村服务性、公益性、互助性社会组织健康发展。加强村级组织运转经费保障。

提升乡村治理效能。严格依法设定县级对乡镇赋权赋能范围，整合乡镇和县级部门派驻乡镇机构承担的职能相近、职责交叉工作事项，健全乡镇和县级部门联动机制，压实乡镇政府综合治理、安全生产等方面的责任。规范村级组织工作事务，减轻村级组织负担。健全乡村治理工作协同运行机制，深入开展乡村治理体系建设试点示范和乡村治理示范村镇创建，推广运用"积分制"、"清单制"等形式。建设法治乡村，创建民主法治示范村，培育农村学法用法示范户。

深入推进平安乡村建设。坚持和发展新时代"枫桥经验"，加强群防群治力量建设，巩固充实乡村人民调解组织队伍，创新完善乡村矛盾纠纷多元化、一站式解决机制。深化农村网格化管理服务，推进农村基层管理服务精细化。充分依托已有设施，提升农村社会治安防控体系信息化智能化水平。加强县乡村应急管理、交通消防安全体系建设，加强农村自然灾害、公共卫生、安全隐患等重大事件事故的风险评估、监测预警和应急处置。健全农村扫黑除恶常态化机制。

第二节 提升农民科技文化素质

健全农民教育培训体系。建立短期培训、职业培训和学历教育衔接贯通的农民教育培训制度，促进农民终身学习。充分发挥农业广播电视学校、农业科研院所、涉农院校、农业龙头企业等作用，引导优质教育资源下沉乡村，推进教育培训资源共建共享、优势互补。

培育高素质农民队伍。以家庭农场主和农民合作社带头人为重点，加强高素质农民培育。加大农村实用人才培养力度,设立专门面向农民的技能大赛,选树一批乡村能工巧匠。实施农民企业家、农村创业人才培育工程。深化农业职业教育改革,扩大中高等农业职业教育招收农民学员规模。健全完善农业高等院校人才培养评价体系,定向培养一批农村高层次人才。

第三节　加强新时代农村精神文明建设

加强农村思想道德建设。以农民群众喜闻乐见的方式,深入开展习近平新时代中国特色社会主义思想学习教育,开展党史、新中国史、改革开放史、社会主义发展史宣传教育,加强爱国主义、集体主义、社会主义教育,弘扬和践行社会主义核心价值观,建设基层思想政治工作示范点,培养新时代农民。实施公民道德建设工程,拓展新时代文明实践中心建设,深化群众性精神文明创建活动,让精神引领和道德力量深度融入乡村治理。加强农村青少年思想道德教育。面向农村开展送理论、送文明、送服务、送人才活动。

繁荣发展乡村优秀文化。深入实施农耕文化传承保护工程,加强农业文化遗产发掘认定和转化创新。加强历史文化名村名镇、传统村落、少数民族特色村寨、传统民居、农村文物、地名文化遗产和古树名木保护。继承发扬优秀传统乡土文化,建设乡村非物质文化遗产传习所(点)。振兴传统农业节庆,办好中国农民丰收节。创新实施文化惠民工程,加强乡镇综合文化站、村综合文化中心、文体广场等基层文化体育设施建设。实施智慧广电固边工程和乡村工程,在民族地区推广普及有线高清交互数字电视机顶盒,完善基层应急广播体系。发展乡村特色文化产业,健全支持开展群众性文化活动机制,满足农民群众多样化、多层次、多方面的精神文化需求。

持续推进农村移风易俗。开展专项文明行动,革除高价彩礼、人情攀比、厚葬薄养、铺张浪费等陈规陋习。加强农村家庭、家教、家风建设,倡导敬老孝亲、健康卫生、勤俭节约等文明风尚。深化文明村镇、星级文明户、文明家庭创建。建立健全农村信用体系,完善守信激励和失信惩戒机制。加快在农村普及科学知识,反对迷信活动。依法管理农村宗教事务,加大对农村非法宗教活动和境外渗透活动的打击力度,依法制止利用宗教干预农村公共事务。

专栏8 现代乡村治理体系建设工程

1.农村基层党组织负责人培养培训计划

加大从本村致富能手、外出务工经商返乡人员、本乡本土大学毕业生、退役军人中培养选拔村党组织带头人力度，通过多种方式为每个村储备村级后备力量。鼓励有条件的地方探索村干部专业化管理。开展农村基层干部乡村振兴主题培训。加大在青年农民、外出务工经商人员、妇女中发展党员的力度。

2.村级事务阳光工程

完善党务、村务、财务"三公开"制度，梳理村级事务公开清单，及时公开组织建设、公共服务、工程项目等重大事项，健全村务档案管理制度，推广村级事务"阳光公开"监管平台。规范村级会计委托代理制，加强农村集体经济组织审计监督，开展村干部任期和离任经济责任审计。

3.乡村治理试点示范行动

探索共建共治共享治理体制、乡村治理与经济社会协同发展机制、乡村治理组织体系、党组织领导的自治法治德治相结合路径，完善基层治理方式和村级权力监管机制，创新村民议事协商形式。

4.平安乡村建设行动

推进农村社会治安防控体系建设，加强农村警务工作，推行"一村一辅警"机制，扎实开展智慧农村警务室建设。深入推进乡村"雪亮工程"建设。依法加大对农村非法宗教活动、邪教活动的打击力度，整治乱建宗教活动场所。

5.高素质农民培育工程

实施高素质农民培育计划和百万乡村振兴带头人学历提升行动，推介100所涉农人才培养优质院校，培育300万名高素质农民，每年培训2万名农村实用人才带头人。

第八章　实现巩固拓展脱贫攻坚成果同乡村振兴有效衔接

大力弘扬脱贫攻坚精神，做好巩固拓展脱贫攻坚成果同乡村振兴有效衔接，增强脱贫地区内生发展能力，让脱贫群众过上更加美好的生活，逐步走上共同富裕道路。

第一节　巩固提升脱贫攻坚成果

过渡期内保持主要帮扶政策总体稳定。严格落实"摘帽不摘责任、不摘政策、不摘帮扶、不摘监管"要求。保持兜底救助类政策稳定，落实教育、医疗、住房等民生保障普惠性政策，优化产业就业等发展类政策。适时组织开展巩固脱贫成果后评估工作，将巩固拓展脱贫攻坚成果纳入市县党政领导班子和领导干部推进乡村振兴战略实绩考核范围，坚决守住不发生规模性返贫的底线。

健全防止返贫动态监测和精准帮扶机制。对脱贫不稳定户、边缘易致贫户，以及因病因灾因意外事故等导致基本生活出现严重困难户，开展常态化监测预警，建立健全快速发现和响应机制，分层分类及时纳入帮扶政策范围，开展定期核查，实行动态清零。

巩固"两不愁三保障"成果。巩固教育扶贫成果，健全控辍保学工作机制。巩固健康扶贫、医保扶贫成果，有效防范因病返贫致贫风险。稳步扩大乡村医疗卫生服务覆盖范围。落实分类资助参保政策，做好脱贫人口参保动员工作。建立农村脱贫人口住房安全动态监测机制，保障低收入人口基本住房安全。巩固维护好已建农村供水工程成果，不断提升农村供水保障水平。

强化易地扶贫搬迁后续扶持。聚焦原深度贫困地区、大中型集中安置区，从就业需要、产业发展和后续配套设施提升等方面，完善后续扶持政策体系，持续巩固易地搬迁脱贫成果。多措并举提高搬迁群众务工就业和自主创业能力，确保有劳动力的搬迁家庭至少有一人实现就业。完善安置区配套基础设施和公共服务设施，提升社区管理服务水平。

加强扶贫项目资产管理。对脱贫攻坚期内形成的扶贫项目资产进行全面摸底，按照经营性资产、公益性资产、到户类资产等分类建立管理台账。明确扶贫项目资产产权主体管护责任，引导受益主体参与管护，探索多样化的资产运营和管理模式。规范收益分配，确保扶贫项目资产在巩固拓展脱贫攻坚成果、接续推进乡村振兴中持续发挥效益。

第二节　提升脱贫地区整体发展水平

推动脱贫地区特色产业可持续发展。实施脱贫地区特色种养业提升行动，完善全产业链支持措施，加强产业发展设施条件建设。建立产业技术顾问制度，组建专家队伍长期跟踪帮扶。拓展脱贫地区农产品销售渠道，完善线上线下销售渠道体系，支持销售企业、电商、批发市场与脱贫地区精准对接。深化拓展消费帮扶。

促进脱贫人口稳定就业。稳定扩大脱贫地区农村劳动力转移就业，大规模开展职业技能培训，加大有组织劳务输出力度。统筹用好乡村公益岗位，延续扶贫车间支持政策。支持农村中小型公益性基础设施建设，扩大以工代赈实施范围和建设领域。建立农民在乡务工就业监测制度，跟踪掌握农民就业状况。

改善脱贫地区发展条件。扩大脱贫地区基础设施建设覆盖面，促进县域内整体提升。在脱贫地区重点谋划建设一批高速公路、客货共线铁路、水利、电力、机场、通信网络等区域性和跨区域重大基础设施建设工程。持续支持脱贫地区人居环境整治提升和农村道路、中小型水利工程、县乡村三级物流体系、农村电网等基础设施建设，推进农村客运发展。进一步提升脱贫地区义务教育、医疗卫生等公共服务水平，普遍增加公费师范生培养供给，实施订单定向免费医学生培养，加大中央倾斜支持脱贫地区医疗卫生机构基础设施建设和设备配备力度。

第三节 健全农村低收入人口和欠发达地区帮扶机制

健全低收入人口常态化帮扶机制。开展农村低收入人口动态监测，完善分类帮扶机制。对有劳动能力的农村低收入人口，坚持开发式帮扶，帮助其通过发展产业、参与就业，依靠双手勤劳致富。对脱贫人口中完全丧失劳动能力或部分丧失劳动能力且无法通过产业就业获得稳定收入的人口，按规定纳入农村低保或特困人员救助供养范围。健全最低生活保障制度，完善农村特困人员救助供养制度和残疾儿童康复救助制度，夯实医疗救助托底保障。

集中支持乡村振兴重点帮扶县。统筹整合各方资源，强化投入保障，对西部地区160个国家乡村振兴重点帮扶县给予集中支持，尽快补齐区域发展短板。支持各地自主选择部分脱贫县作为乡村振兴重点帮扶县。建立跟踪监测机制，对乡村振兴重点帮扶县进行定期监测评估。

支持欠发达地区巩固脱贫攻坚成果和乡村振兴。加大对欠发达地区财政转移支付力度，持续改善欠发达地区农村基础设施条件和公共服务水平。支持革命老区、民族地区、边疆地区巩固脱贫攻坚成果和乡村振兴，改善边疆地区农村生产生活条件，加快抵边村镇和边境农场建设。多措并举解决高海拔地区农牧民生产生活困难。

深入推进东西部协作和社会力量帮扶。坚持和完善东西部协作机制，加强产业合作、资源互补、劳务协作、人才交流，推进产业梯度转移，鼓励东西部共建产业园区。健全中央党政机关和国有企事业单位等定点帮扶机制，对东西部协作和定点帮扶成效进行考核评价。加大社会力量参与力度，扎实推进"万企兴万村"行动。

专栏9　巩固拓展脱贫攻坚成果工程

1.特色种养业提升行动

组织脱贫县编制特色种养业发展规划，加快农产品仓储保鲜、冷链物流设施建设，持续推进特色农产品品牌创建和产销精准对接。

2.以工代赈工程

因地制宜在脱贫地区实施一批投资规模小、技术门槛低、前期工作简单、务工技能要求不高的农业农村基础设施建设项目，优先吸纳已脱贫户特别是脱贫不稳定户、边缘易致贫户和其他农村低收入人口参与工程建设。

3.乡村振兴重点帮扶县集中支持

从财政、金融、土地、人才、基础设施建设、公共服务等方面，加大对西部地区160个国家乡村振兴重点帮扶县的支持力度，增强其区域发展能力。

4.东西部协作

加大帮扶资金投入，加强产业合作，共建产业园区，推动产业梯度转移。建立健全劳务输出精准对接机制，有序转移西部地区劳动力到东部地区就业。东部地区继续选派干部、教师、医生、农技人员等到西部地区帮扶。

5.定点帮扶

发挥中央单位人才、信息、资源等优势，创新帮扶举措，帮助定点帮扶县特别是国家乡村振兴重点帮扶县发展特色主导产业，拓展农产品销售渠道，继续选派挂职干部，强化当地人才培养。

6."万企兴万村"行动

聚焦乡村产业和乡村建设，引导民营企业引领做大做强脱贫地区优势特色产业，积极参与农村基础设施建设和公共服务提升，带动更多资源和要素投向乡村。

第九章　深化农业农村改革　健全城乡融合发展体制机制

聚焦激活农村资源要素，尊重基层和群众创造，加快推进农村重点领域和关键环节改革，促进城乡要素平等交换、双向流动，促进要素更多向乡村集聚，增强农业农村发展活力。

第一节　畅通城乡要素循环

推进县域内城乡融合发展。统筹谋划县域产业、教育、医疗、养老、环保等政策体系，加快推进县乡村公共基础设施建设运营管护一体化。赋予县级更多资源整合使用权，强化县城综合服务能力，增强县城集聚人口功能，推进以县城为重要载体的城镇化建设，促进农民在县域内就近就业、就地城镇化。积极推进扩权强镇，规划建设一批重点镇，把乡镇建设成为服务农民的区域中心。

促进城乡人力资源双向流动。建立健全乡村人才振兴体制机制，完善人才引进、培养、使用、评价和激励机制。建立健全城乡人才合作交流机制，推进城市教科文卫体等工作人员定期服务乡村。允许入乡就业创业人员在原籍地或就业创业地落户并享受相关权益，建立科研人员入乡兼职兼薪和离岗创业制度。健全农业转移人口市民化配套政策体系，完善财政转移支付与农业转移人口市民化挂钩相关政策，建立城镇建设用地年度指标分配同吸纳农村转移人口落户数量和提供保障性住房规模挂钩机制，促进农业转移人口有序有效融入城市。依法保障进城落户农民农村土地承包权、宅基地使用权、集体收益分配权，建立农村产权流转市场体系，健全农户"三权"市场化退出机制和配套政策。

优化城乡土地资源配置。建立健全城乡统一的建设用地市场，规范交易规则，完善有偿使用制度，构建统一的自然资源资产交易平台，纳入公共资源交易平台体系。规范开展城乡建设用地增减挂钩，完善审批实施程序、节余指标调剂及收益分配机制。完善盘活农村存量建设用地政策，实行负面清单管理，优先保障乡村产业发展、乡村建设用地。依据国土空间规划，以乡镇或村为单位开展全域土地综合整治。鼓励对依法登记的宅基地等农村建设用地进行复合利用，发展休闲农业、乡村民宿、农产品初加工、农村电商等。建立土地征收公共利益认定机制，缩小土地征收范围，规范征地程序。保障和规范农村一二三产业融合发展用地，鼓励各地根据地方实际和农村产业业态特点探索供地新方式。探索建立补充耕地指标跨区域交易机制。

引导社会资本投向农业农村。深化"放管服"改革，持续改善乡村营商环境，引导和鼓励工商资本投入现代农业、乡村产业、生态治理、基础设施和公共服务建设。建立社会资本投资农业农村指引目录制度，发挥政府投入引领作用，支持以市场化方式设立乡村振兴基金，撬动金融资本、社会力量参与，重点支持乡村产业发展。在不新增地方政府隐性债务前提下，引导银行业金融机构把农村基础设施建设作为投资重点，拓展乡村建设资金来源渠道，加大对农村基础设施建设的信贷支持力度。引导大中型银行进一步下沉服务重心，优化县域网点设置。

第二节　深化农村产权制度改革

稳步推进农村承包地"三权分置"改革。 有序开展第二轮土地承包到期后再延长30年试点，保持农村土地承包关系稳定并长久不变。丰富集体所有权、农户承包权、土地经营权的有效实现形式，发展多种形式适度规模经营。加强农村土地承包合同管理，完善农村土地承包信息数据库和应用平台，建立健全农村土地承包经营权登记与承包合同管理的信息共享机制。探索建立土地经营权流转合同网签制度，健全土地经营权流转服务体系。

稳慎推进农村宅基地制度改革。 深化农村宅基地制度改革试点，加快建立依法取得、节约利用、权属清晰、权能完整、流转有序、管理规范的农村宅基地制度。探索宅基地所有权、资格权、使用权分置有效实现形式。保障农村集体经济组织成员家庭作为宅基地资格权人依法享有的权益，防止以各种形式非法剥夺和限制宅基地农户资格权。尊重农民意愿，积极稳妥盘活利用农村闲置宅基地和闲置住宅。规范开展房地一体的宅基地确权登记颁证，加强登记成果共享应用。完善农村宅基地统计调查制度，建立全国统一的农村宅基地数据库和管理信息平台。

稳妥有序推进农村集体经营性建设用地入市。 在符合国土空间规划、用途管制和依法取得的前提下，积极探索实施农村集体经营性建设用地入市制度，明确农村集体经营性建设用地入市范围、主体和权能。严格管控集体经营性建设用地入市用途。允许农村集体在农民自愿前提下，依法把有偿收回的闲置宅基地、废弃的集体公益性建设用地转变为集体经营性建设用地入市。健全集体经济组织内部的增值收益分配制度，保障进城落户农民土地合法权益。

第三节　完善农业支持保护制度

优化农业补贴政策。 强化高质量发展和绿色生态导向，构建新型农业补贴政策体系。调整优化"绿箱"、"黄箱"和"蓝箱"支持政策，提高农业补贴政策精准性、稳定性和时效性。加强农产品成本调查，深化调查数据在农业保险、农业补贴、市场调控等领域的应用。

健全政府投入保障机制。 推动建立"三农"财政投入稳定增长机制，继续把农业农村作为一般公共预算优先保障领域，加大中央财政转移支付支持农业农村力度。制定落实提高土地出让收入用于农业农村比例考核办法，确保按规定提高用于农业农村的比例。督促推进各地区各部门进一步完善涉农资金统筹整合长效机制。加大地方政府债券支持农业农村力度，用于符合条件的农业农村领域建设项目。

健全农村金融服务体系。完善金融支农激励机制，鼓励银行业金融机构建立服务乡村振兴的内设机构。支持涉农信用信息数据库建设，基本建成新型农业经营主体信用体系。扩大农村资产抵押担保融资范围，提高农业信贷担保规模，引导金融机构将新增可贷资金优先支持县域发展。加快完善中小银行和农村信用社治理结构，保持农村中小金融机构县域法人地位和数量总体稳定。实施优势特色农产品保险奖补政策，鼓励各地因地制宜发展优势特色农产品保险。稳妥有序推进农产品收入保险，健全农业再保险制度。发挥"保险＋期货"在服务乡村产业发展中的作用。

第四节 协同推进农村各项改革

深化农村集体产权制度改革，完善产权权能，将经营性资产量化到集体经济组织成员，有效盘活集体资产资源，发展壮大新型农村集体经济。开展集体经营性资产股份自愿有偿退出试点。深化供销合作社综合改革。深入推进农垦垦区集团化、农场企业化改革，加强农垦国有农用地保护、管理和合理利用。继续深化集体林权、国有林区林场、草原承包经营制度改革。扎实推进农村综合改革。推动农村改革试验区集成创新，拓展试验内容，发挥好先行先试、示范引领作用。

第五节 扩大农业对外开放

发挥共建"一带一路"在扩大农业对外开放合作中的重要作用，深化多双边农业合作。加强境外农业合作园区和农业对外开放合作试验区建设。围绕粮食安全、气候变化、绿色发展、水产等领域，积极参与全球农业科技合作，建设上海合作组织农业技术交流培训示范基地。建设农业国际贸易高质量发展基地、农产品国家外贸转型升级基地、农业特色服务出口基地，推进农业服务贸易发展。深度参与世界贸易组织涉农谈判和全球粮农治理。如期完成全球人道主义应急仓库和枢纽建设任务。

专栏10　新一轮农村改革推进重大工程

1.县乡村基本公共服务一体化试点示范

在东、中、西部和东北地区选择一批县（市、区），开展县乡村基本公共服务一体化试点示范，赋予县级更多资源整合使用权，推动县乡村基本公共服务功能衔接互补。

2.农村宅基地改革试点

在全国104个县（市、区）以及3个地级市开展新一轮农村宅基地制度改革试点，探索落实宅基地所有权、保障宅基地农户资格权和农民房屋财产权、适度放活宅基地和农民房屋使用权的具体路径和办法。

3.农村改革试验区集成创新

开展农村改革试验区建设行动，集中力量建设一批农村集成改革示范区、农业农村高质量发展改革示范区和乡村善治改革示范区。开展农村改革试点成果转化行动，推介100个农村改革创新案例。

4.乡村招才引智行动

建立城市人才定期服务乡村制度，每年引导10万名左右优秀教师、医生、科技人员、社会工作者等服务脱贫地区、边疆民族地区和革命老区。

5.乡村振兴金融服务行动

推动金融机构在县域布设一批网点，不断优化扩大县域网点覆盖面，开发一批适合农业农村特点的金融产品和服务，推进农业保险提标扩面。

第十章　健全规划落实机制　保障规划顺利实施

坚持和加强党对"三农"工作的全面领导，健全中央统筹、省负总责、市县乡抓落实的农村工作领导体制，调动各方面资源要素，凝聚全社会力量，扎实有序推进中国特色农业农村现代化。

第一节　加强组织领导

建立农业农村部、国家发展改革委牵头的农业农村现代化规划实施推进机制，制定年度任务清单和工作台账，明确任务分工，统筹研究解决规划实施过程中的重要问题，推进重大建设项目，跟踪督促规划各项任务落实，重要情况及时向国务院报告。各省（自治区、直辖市）依照本规划，结合实际制定本地区农业农村现代化推进规划或方案，明确目标任务，细化政策措施。各部门要根据规划任务分工，强化政策配套，协同推进规划实施。

第二节　强化规划衔接

发挥本规划对农业农村发展的战略导向作用，聚焦本规划确定的农业农村现代化目标任务，在种植业、畜牧业、渔业和农业绿色发展、农业农村科技、农产品冷链物流设施、数字农业农村等重点领域，制定实施一批农业农村专项规划，推动项目跟着规划走、资金和要素跟着项目走。加强农业农村发展规划管理，建立农业农村规划目录清单制度。建立健全规划衔接协调机制，农业农村领域各专项规划须与本规划衔接。

第三节　动员社会参与

搭建社会参与平台，构建政府、市场、社会协同推进农业农村现代化的工作格局。调动基层干部和农民群众的积极性、主动性、创造性，发挥工会、共青团、妇联、科协等群团组织和各民主党派、工商联、无党派人士积极作用，凝聚推进农业农村现代化的强大合力。建设农业农村发展新型智库，健全专家决策咨询制度。宣传一批作出杰出贡献的农民、科技工作者、企业家、基层干部等，营造良好社会氛围。

第四节　健全法治保障

建立健全农业农村法律规范体系，推动涉农重点法律法规制修订工作。深化农业综合行政执法改革，健全农业综合行政执法体系。实施农业综合行政执法能力提升行动，加大执法人员培训力度，改善执法装备条件，加强执法信息化建设。强化农业农村普法宣传，推动法律法规进农村，切实维护农民群众合法权益，营造办事依法、遇事找法、解决问题用法、化解矛盾靠法的法治环境。

第五节　加强考核评估

完善规划实施监测评估机制，加强年度监测分析、中期评估和总结评估全过程管理。建立健全跟踪考核机制，把规划实施情况纳入实施乡村振兴战略实绩考核，压实规划实施责任。健全规划、财政、金融等政策协调和工作协同机制，强化各类政策对规划实施的保障支撑。开展农业农村现代化监测，评价各地农业农村现代化进程和规划实施情况。

图书在版编目（CIP）数据

图解推进农业农村现代化　建设农业强国 / 王维主
编. —北京：中国农业出版社，2023.5
　ISBN 978-7-109-29913-9

　Ⅰ．①图… Ⅱ．①王… Ⅲ．①农业发展规划-中国-
2021-2025-图解 Ⅳ．①F322-64

中国版本图书馆CIP数据核字（2022）第163381号

TUJIE TUIJIN NONGYE NONGCUN XIANDAIHUA JIANSHE NONGYE QIANGGUO

中国农业出版社出版
地址：北京市朝阳区麦子店街18号楼
邮编：100125
责任编辑：程　燕
版式设计：王　晨　　责任校对：吴丽婷　　责任印制：王　宏
印刷：北京通州皇家印刷厂
版次：2023年5月第1版
印次：2023年5月北京第1次印刷
发行：新华书店北京发行所
开本：787mm×1092mm　1/16
印张：17.75
字数：350千字
定价：168.00元